Roland Mierzwa

Unzeitgemäßes aus der Sicht des Religionslosen Christentums

CHRISTSEIN AKTUELL

Band 17

Allgemeines

Katholizismus
Ökumene
Orthodoxie
Protestantismus

LIT

Roland Mierzwa

Unzeitgemäßes aus der Sicht des Religionslosen Christentums

LIT

Umschlagbild: „A" wie Anfang der Auferstehung von Sr. Stefani Trotz

Gedruckt auf alterungsbeständigem Werkdruckpapier entsprechend
ANSI Z3948   DIN ISO 9706

Bibliografische Information der Deutschen Nationalbibliothek
Die Deutsche Nationalbibliothek verzeichnet diese Publikation in der
Deutschen Nationalbibliografie; detaillierte bibliografische Daten sind
im Internet über http://dnb.dnb.de abrufbar.

ISBN 978-3-643-15088-2 (br.)
ISBN 978-3-643-35088-6 (PDF)

© LIT VERLAG Dr. W. Hopf Berlin 2022
Verlagskontakt:
Fresnostr. 2   D-48159 Münster
Tel. +49 (0) 2 51-62 03 20
E-Mail: lit@lit-verlag.de   https://www.lit-verlag.de

Auslieferung:
Deutschland: LIT Verlag, Fresnostr. 2, D-48159 Münster
Tel. +49 (0) 2 51-620 32 22, E-Mail: vertrieb@lit-verlag.de

Dieses Buch ist der evangel.-luther. Diakoniegemeinschaft zu Flensburg gewidmet. Durch vielfältige Unterstützung und Solidarität wurde mir mindestens die Hälfte meiner Publikationen seit 2011 ermöglicht.

Inhaltsverzeichnis

1	Einführung	1
2	Dienen	3
3	Teilen	7
4	Eine Kultur der Langsamkeit	13
5	Eine Kultur des Weniger	19
6	Zyklisch leben	29
7	Gelassenheit	33
8	Salz sein	37
9	Small is beautiful	39
10	Zellen der „Freundlichkeit"	45
11	Über das richtige Verhältnis zu Geboten/Verboten	51
12	Literaturverzeichnis	55
13	Danksagung	65

1 Einführung

Die nachfolgenden Überlegungen kann man als Anti-Narzissmus-Programm, als Anti-Dominanz-Programm sowie als Anti-Gewalt-Programm verstehen:
- Indem ein „small is beautiful" – Programm gelebt wird können vielleicht „Größenwahn" und „Machtansprüche" vertrocknen, wie sie sich bei einem ausgeprägten Narzissmus finden.
- Indem eine Kultur des Weniger und eine Kultur der Langsamkeit gepflegt wird, wird nicht nur die Notwendigkeit verschwinden mit militärischen Mitteln Zuwege zu Rohstoffen sicherzustellen; es entsteht mit einer Kultur der Langsamkeit auch ein Raum für Mitgefühl.
- Wo Gelassenheit gelebt wird, wo geteilt wird, da schwinden Dominanz-Verhältnisse. Dienen ist ein tiefster Ausdruck des Verzichts auf Dominanz-Verhältnisse.

„Eine nachhaltige wirksame Veränderung einmal entstandener Handlungen lässt sich (vor allem R.M.) herbeiführen, wenn es gelingt, die betreffende Person einzuladen, eine neue, andere Erfahrung zu machen" (Hüther, 2021, 60f.). Denn dadurch werden im Gehirn verankerte, übergeordnete Muster umprogrammiert – „innere Einstellungen" können eine neue Gestalt annehmen. „Es müsste (dabei R.M.) für die betreffende Person zu einem Bedürfnis werden, die Welt noch einmal mit anderen Augen zu betrachten" (ders., 2021, 103). Die Menschen können sich vor allem grundlegend verändern, wenn sie es selbst wollen (vgl. ders., 2021, 108; s.a. 134f.). Dadurch bewahren sie ihre Würde (vgl. ders., 2021, 113). Viele problematische Verhaltensweisen hängen damit zusammen, weil wir aus einer problematischen Beziehungskultur kommen und es im Erwachsenenalter nicht zu einer Verbesserung der Beziehungskultur kommt (vgl. ders., 2021, 90ff.; s.a. 104ff.

und 150). Deswegen wäre es ein Ausweg, das Beziehungsleben Veränderungen auszusetzen (s.a. ders., 2021, 111).

Mit allen diesen Facetten hätten wir eine Gegenkultur gegen patriarchalische Verhältnisse, gegen autoritäre und gewalttätige Verhältnisse, gegen einen die Natur verschlingenden Lebenswandel.

Die nachfolgenden Überlegungen sind eine wichtige Ergänzung zur Frage „Wie Transformation gelingt" (vgl. Kristof, 2020).

Die nachfolgenden Überlegungen sind auch eine wichtige Ergänzung zur Frage „Wie man den Kapitalismus überwinden kann" (vgl. Acosta/Brand, 2017).

„Besitzstandswahrer" werden eventuell herausgerissen aus einer Lebensweise, die sich nicht auf die Veränderungen der Lebenswelt eingestellt hat (vgl. hier bei Hüther, 2021, 79). Menschen, die durch Angst bestimmt sind, werden vielleicht dazu kommen, Gewohnheiten abzulegen, die dazu da sind, ihre Angst in Schach zu halten (vgl. ders., 2021, 93).

Flensburg, September 2021

2 Dienen

Eine bestimmte Form des Dienens genießt eine große Wertschätzung unter patriarchalen Verhältnissen. Sie ist verbunden mit dem Anspruch der Unterordnung bis hin zur Unterwürfigkeit unter den Mann. Es ist hierbei auch eine Aufgabenverteilung von bestimmten Arbeiten zwischen Männern und Frauen verbunden. Hier ist das positive Sprechen vom Dienen eingebunden in eine Praxis des „hierarchischen Lobens". Diese Art von Dienen soll mit nachfolgenden Überlegungen zurückgelassen werden.

Wenn beim „hierarchischen Loben" das Dienen angesprochen wird, dann findet sich das besonders häufig und intensiv in der katholischen Kirche und in Bezug auf Frauen. Diesem Dienen verweigern sich die Frauen von „Maria 2.0" (vgl. Kötter, 2021).

Aber auch die evangelische Kirche kennt eine problematische Kultur des Dienens. Die Diakonisse Sr. Susanne Henke problematisiert hierbei in Bezug auf die „alten" Diakonissen: „Lieder vom ,Dienen' sangen die Diakonissen mit Inbrunst, ja schwelgten darin, aber wehe wenn sie nicht genug gelobhuddelt wurden, dann war die Stimmung am Boden". Das „Dienen" nahmen bisweilen skurrile Züge an. Da wurde von einigen Diakonissen das gekochte Frühstücksei für die Kranken eifrig mit einem religiösen Spruch bemalt, dafür sollten sie dann auch hinreichend gelobt werden, „aber ansonsten waren dann einige von ihnen stinkefaul". Manche Schwestern liefern nur mit Eimerchen und Feudel durch die Station, aber in der Pflege engagierten sie sich kaum. Das „Dienen" wurde von der Obrigkeit (?!) ausgebeutet: „Man sollte dienen, aber um die desolaten Zustände auf der Station kümmerte sich die ,Obrigkeit' nicht!". „Die Schwestern dienten, aber es war unter der Würde der ,Obrigkeit', sich die desolaten Verhältnisse auf der Station anzusehen!". So „dienten" viele Schwestern in der Pflege – waren aber häufig alleingelassen im täglichen Einsatz durch die Obrigkeit (?!). „Die Schwestern sollten dienen, aber kritische Töne an dem Krankenhaus waren nicht gerne gehört!". „Beim ‚Dienen' wurde man durch die ‚Obrigkeit' ‚breitgetreten', also es wurde unendlich viel Arbeit aufgehalst!" „Manche Schwestern machten ihren Dienst mit wenig Sensibilität für die ‚Nöte' der Patienten!"

Dienen, das heißt dienen an den Vernetzungen resp. Beziehungen allen Lebens. Dienen ist dabei ein Tun des Wiederverbindens zerrissener Vernetzungen resp. Beziehungen. In diesem Dienen opfern wir nicht die Beziehungen kurzfristigen persönlichen Bedürfnissen und Wünschen. Diese Art des Dienens weiß davon, dass alles auf der Welt, im Kosmos untrennbar verbunden bleiben sollte, damit es leben kann, keinen Schaden nimmt, damit man weiterhin zur Gemeinschaft des Lebens gehört. Das Einnehmen der Haltung des Dienens ist Ausdruck des Wunsches, dass Beziehungen resp. Vernetzungen lebendig bleiben, intensiv bleiben und „gut" bleiben; und indem sie dies in dieser Weise bleiben, werden sie auch stärker. Wenn wir in dieser Weise dienen, dann kommt Freude auf, entsteht eine Atmosphäre der Freude, die ansteckt.

Dienen, d.h. ein Perspektivenwechsel ist beim Handeln notwendig. Beim Lernen und Unterrichten muss man sich als Lehrer*in ganz auf die Schüler*innen einlassen. „Jedes Kind kann das (das Lernen R.M.). Potenziell. Aber ob sie ihr Potenzial nutzen können, entscheiden wir. Nur wenn wir herausfinden, was das einzelne Kind braucht, um lernen zu können, welche Unterstützung in diesem Fall, bei diesem Kind nötig ist, nur dann kann es lernen. Wir Lehrer müssen verstehen, warum die Kinder sind, wie sie sind, was das Leben in dieser extremen Armut mit ihnen, ihren Herzen, ihrer kleinen Seele und ihren Gehirnen macht. Wenn wir das verstanden haben, dann können wir handeln. Von den Kindern erwarten, dass sie in die Schule kommen und lernen, geht nicht" (Mayer/Krumpen, 2015, 62).

Dienen auch zum Beispiel in der Weise, wenn man als Flüchtlingshelfer*in zehn nasse und verängstigte Kinder aus einem Schlauchboot trägt, das führt dazu, dass man vom Schicksal derer betroffen ist, denen man dient (vgl. J. Hagen, 2016, 38). Dienen, d.h. auch in der Flüchtlingshilfe, am Strand von Lesbos, Nacht für Nacht auszuharren, um bei einer Bootslandung erste Hilfe leisten zu können, um zu verhindern, dass nicht noch mehr

2 DIENEN

Menschen ertrunken wären (vgl. J. Hagen, 2016, 55; s.a. 56ff.). Dienen, als tatkräftiges Anpacken im Kleinen, muss nicht eine Frage des Alters sein (vgl. auch als indirekter Gedankengang aus den Seiten 44f. in: J. Hagen, 2016). Den Weg zum Dienen finden ist daran ersichtlich, wenn man seinen gut dotierten Managerposten aufgibt und „seine Fähigkeiten für wenig Geld dem Dienst für die Ärmsten zur Verfügung" stellt (Mayer/Krumpen, 2013, 90; s.a. Mayer/Krumpen, 2015, 36–42).

Wie ich dem Anderen diene, das ist das Besondere: „Ob ich ihm nun die Bettschüssel hinstelle und rechtzeitig wieder wegnehme: Wie ich das mache, mit welcher Geste, mit welcher Zuwendung; wenn etwas untergeht, wie ich dann darauf reagiere, das ist von großer Bedeutung. Oder auch, wie ich mit missmutigen Patienten umgehe oder mit ungeduldigen und despotischen oder mit unterwürfigen. Es geht darum, dass mit jeder Geste Liebe ausgedrückt wird". Es ist wichtig, das zu tun, so weitgehend wie man es nur kann (vgl. Mayer/Krumpen, 2015, 105).

„Dem anderen dienen, das ist eine innere Leistung: Dreck wegräumen, putzen, weil jemand danebengemacht hat, obwohl das nicht meine Aufgabe wäre. Trotzdem ganz schnell den Putzlappen nehmen, den Dreck wegmachen, ist erst recht eine innere Leistung. Davon frei zu sein, ob es gesehen wird oder nicht, das ist dann die Krönung der eigenen Leistung. Dann zieht große Freude darüber ins eigene Herz, dass man die Dinge einfach tun kann. (...) wenn ich mich dadurch gedemütigt fühle oder es tun muss, dann ist es für mich selbst nicht gut, dann verletze ich mich selbst" (Mayer/Krumpen, 2015, 105f.).

Dienen darf auf keinen Fall so verstanden werden, dass man sich selbst sagt: „Ich opfere mich auf!" Damit fühlt man sich vielleicht als Held, aber es gibt keine Kraft. Manche ziehen aus der „Opferrolle" Kraft, indem sie auf eine spätere Entschädigung hoffen, darauf warten als Opfer berühmt zu werden oder verehrt zu werden oder in einer bestimmten Weise ein Märtyrer zu werden. Märtyrertum ist zwar bedeutsam, aber hier (bei dieser Haltung) muss man sich fragen, was spielt sich hier im Psychischen und Spirituellen ab. Besteht hier eine innere Sauberkeit und Redlichkeit sich selbst gegenüber? (vgl. Mayer/Krumpen, 2015, 107). Beim Dienen ist es wichtig, „dass ich aus Freiheit handele, dass ich mich in Freiheit dazu entscheide" (107), zu dienen. Beim Dienen ist es aber auch wichtig, immer in Kontakt zu sich selber zu bleiben, auf das eigene Herz zu hören. Denn im Dienen stecken auch viele Gefahren. „Zum Beispiel, dass mein Tun zwanghaft wird und ich es immer tun muss. Ich werde ängstlich und skrupulös, weil ich etwas übersehen habe oder jemanden nicht gegrüßt habe" (107). Ganz anders, als beim Dienen ein Opfer zu bringen, ist es, wenn das Dienen mit Einsatz und Hingabe erfolgt. Dann brennt man für die Sache, ohne dabei ausbrennen zu können (vgl. 113). An anderer Stelle sagt sie: Dienen den Schülern*innen (als Lehrer*in) oder den Kranken (als Arzt/Ärztin) wird nur möglich sein, wenn man sich in Liebe verschenkt. Dann besteht nicht die Gefahr, dass man ausbrennt (vgl. Mayer/Krumpen, 2013, 89).

Wenn man sich im „Dienst" für die Armen aufreibt, erschöpft das einen. Dann sind Zeiten der inneren Ruhe notwendig und die Zuwendung zu den Quellen der Liebe (vgl. Mayer/Krumpen, 2013, 92).

Wenn man beim „Dienen" verbittert, dann macht das einen hart, „und das kostet enorm viel Kraft". Wenn man aber „dient" mit einer Haltung der Liebe, bringt das Energie und verleiht einem eine positive Ausstrahlung (vgl. Mayer/Krumpen, 2013, 94). Wenn man den Armen dient, kann es dazu führen, dass man auf diese Weise mit seinen Hoffnungen und Träumen in Kontakt kommt, die Spur seiner Lebensträume aufnimmt und dann ganz viel Kraft für sein Leben bekommt (vgl. Anne: in: Mayer/Krumpen, 2015, 48f.).

„Dienen" ist gerne gesehen, aber wehe man wird politisch; so schreibt Schwester Karoline Mayer: „Eine Nonne, die in dem Slums gegen Not und Elend karitativ tätig wird und sich aufopfert, die erklärt man zur Heiligen. Wenn dieselbe Nonne gegen die Ursachen von Not und Elend vorgeht, dann wird sie als Kommunistin verschrien und angeklagt" (Mayer/Krumpen, 2013, 123; s.a. zum Wortlaut bei Bischof Dom Helder Camara). Aber man kann das Dienen „bereichern", wenn man mit dem Einfallsreichtum, der Kreativität und der Fantasie der Liebe „politisch" tätig wird (vgl. als Beispiel eine politische Intervention im Rahmen der Bildungsarbeit auf den Seiten 123–125 in: Mayer/Krumpen, 2013). Man wird den gesellschaftlichen Widerstand gegen das das „Dienen" ergänzende politische Handeln brechen können, wenn in dem politischen Handeln keine „Verachtung für Politiker" (vgl. Seite 127) spürbar ist, man ein echtes „Miteinander" mit Politikern pflegt und „gemeinsam" nach Wegen sucht, die „für alle gut" sind.

3 Teilen[1]

Schwester Karoline Mayer schreibt zum Teilen. Teilen ist unzeitgemäß – „für viele Menschen eine arge Zumutung". Wenn nicht geteilt wird, dann häufig nicht aus einer Böswilligkeit heraus oder nicht aus purem Geiz heraus, sondern aus Angst, „dass man selbst und die Liebsten zu kurz kommen und jetzt oder in Zukunft Mangel erfahren" (vgl. Mayer/Krumpen, 2013, 40). Teilen stellt in unserer Kultur überwiegend einen ideellen Wert dar, in dem Alltag wird es hingegen recht selten praktiziert. Tatsächlich macht der Praxistest deutlich, es wird eher etwas nur vom Überfluss abgegeben, aber wirklich geteilt, das wird in den seltensten Fällen. „Und wenn wir denn teilen, dann eher mit denjenigen, die entweder gute Freunde oder Familienmitglieder sind. Mit Menschen zu teilen, die nicht zu diesem engeren Kreis gehören, kommt vielen nicht in den Sinn. Ein echtes Zusammensein entsteht aber genau dadurch, dass es keine Unterschiede, keinen engeren Kreis gibt" (dies., 40f.). Zum Weg des Teilens zu finden, d.h. zu einem Weg zu finden, „der weder Ausgrenzung noch Ungerechtigkeit noch Unterdrückung zulässt" (dies., 41).

    Wenn Menschen nicht zum Teilen finden und viel lieber horten, geizen, dann haben sie oft einen schweren Mangel erfahren – das kann natürlich mit Armut zusammenhängen; aber dazu gehören kann auch ein emotionaler Mangel. Dann wird gehortet: schöne Dinge, schnelle Autos, große Häuser usw. Wenn also nicht zum Teilen gefunden wird, dann hat das individuell ganz unterschiedliche Gründe, aber „immer ist etwas im Herzen nicht verarbeitet. Das gilt für alle" (dies., 46). Wer zum Teilen finden will, der wird sich der eigenen Angst stellen müssen, „das Nachsehen zu haben"

---

[1] Erste Überlegungen in Mierzwa, 2017, 175 und 222–225

(dies., 47). Das gilt es für sich zu erkennen. Man muss sich dem Gefühl des Mangels stellen.

Es wird viel eher zum Teilen gefunden, wenn sich vorgestellt werden kann, dass dadurch gute Gemeinschaft entstehen kann, wenn man sich vorstellt, wie wunderbar für jemanden das Gefühl ist, nicht auf sich allein gestellt zu sein und wenig Hilfe zu bekommen, wenn man sensibel für die Bedürftigkeit eines Anderen sein kann. Und man wird vielleicht die erstaunliche Feststellung machen, dass man genug Zeit und genug Geld hat. Man macht mit der Praxis des Teilens vielleicht zum ersten Mal die Erfahrung, wie viel man davon hat. Und man erfährt „Freude" aus den Augen eines anderen Menschen. „Alles, was du für andere tust, nährt und stärkt und befriedet dein eigenes Herz" (dies., 57). Die Möglichkeit zu teilen steht jedem offen, ganz gleich, wie arm oder reich man ist. Dabei ist es ein gutes Teilen, wenn man nicht nur das gibt, was man los werden will, dass Hässliche, Angeschlagene, nicht die Tasse ohne Henkel usw. (vgl. dies., 59).

Nobert Mette (1994, 182) führt aus: Teilen „ist hier nicht im Sinne eines gelegentlichen Tuns gemeint, sondern als eine bestimmte Form des Miteinander-Lebens und –umgehens insgesamt. Es ist Ausdruck eines tiefreichenden Bewußtseins von Solidarität. Von anderen (Vor-)Formen solidarischen Handelns, wie etwa dem ‚Helfen', unterscheidet es sich dadurch, daß ‚Helfen' voraussetzt, daß der eine über etwas verfügt, was dem anderen fehlt und mit dem er ihm darum etwas zugutekommen lassen kann, während ‚Teilen' heißt, in der Begegnung mit dem bedürftigen Anderen auch eigene Bedürftigkeiten und die Verstricktheit in das Schicksal des Anderen zu erkennen und so sich allererst als in einem reziproken Verhältnis stehend zu erfahren, was dann in einem jeweiligen Anteilgeben an dem eigenen Vermögen zu einer wirklichen gemeinsamen Gestaltung der Lebenspraxis befähigt. Teilen ist – so verstanden – die wohl radikalste Form kommunikativer Praxis, insofern die Beteiligten aneinander Anteil nehmen und geben".

Wie kann Teilen aussehen? So kann es, wenn man über das ganze Jahr „faire" Produkte kauft dazu kommen, dass ein kleiner Jahresurlaub ausfallen muss. Man teilt auf zweifache Weise, einmal, dass man zu gerechten Arbeitsbedingungen beiträgt, dann aber auch damit, dass man das „Leben teilt". So wie die Menschen im „Globalen Süden" keinen Urlaub machen können, so teilt man mit ihnen nun ein Leben ohne Urlaubsreise.

Oder man kann intensiv „spenden". Das wird dann dazu führen, dass man keine „ethischen Geldanlagen" mehr machen kann. Durch das Teilen über das intensive „Spenden" verzichtet man auf die Aura ein „ethischer Anleger" zu sein. Und vielleicht verschieben sich dadurch auch die Gesprächsthemen bei einer „Party" oder gar die geselligen Kreise, in denen man sich aufhält, weil man sich nicht mehr in den Kreisen aufhält, wo es um Geldgeschäfte geht. Teilen hat also durchaus weitreichende Folgen.

Teilen zeigt sich auch dort, wo Zuwendungen an Einrichtungen erfolgen, „die durch das Raster der herkömmlichen Philanthropie fallen" oder an Organisationen gehen, „die den gesellschaftlichen Wandel vorantreiben" – wie bei MacKenzie Scott[2].

In der Solidarischen Landwirtschaft wird auch „geteilt", nämlich die mageren Zeiten, wenn der Ertrag ausbleibt, zum Beispiel auch wenn 60 Tomatenpflanzen eingehen. Man schießt das Geld für die Kosten des Anbaus vor und schaut, was für ein Ertrag rauskommt. In der Regel quellen die wöchentlichen Gemüsekörbe über, so dass man zum Teil unter Kochdruck gerät. Aber man kann auch hier tauschen und teilen (vgl. Helfrich/Bollier, 2019, 25–27; Vogt, 2020). An der Solidarischen Landwirtschaft zeigt sich: „Commoning bedeutet nicht einfach, etwas zu *teilen* oder *gemeinsam zu nutzen*, wie wir das aus dem Alltag kennen. Es bedeutet, zu teilen beziehungsweise gemeinsam zu nutzen *und zugleich* dauerhafte soziale Strukturen hervorzubringen, in denen wir kooperieren und Nützliches schaffen können" (Helfrich/Bollier, 2019, 19; Herv. i. Orig.).

Aber auch bei Bau- und Hausprojekten könnten vielfältige Formen des Teilens praktiziert werden, durch Nutzer*innenkollektive oder Nachbarschafts-Gruppen. Dabei wird ein neues Verhältnis zu materiellen Gütern wie Raum und Fläche umgesetzt, „in denen klassische immobilienwirtschaftliche Verwertungslogiken ausgeklammert werden. Flächen werden geteilt und gemeinsame Nutzungen vereinbart. Um die gemeinsamen Nutzungen dauerhaft zu sichern, werden auch alternative Formen von *Ei-*

---

[2] (vgl. Stefan Schaaf in: taz 23.12.2020, 2; https://www.spiegel.de/wirtschaft/soziales/mackenzie-scott-spendet-/punkte abgerufen am 23.12.2020)

gentumstiteln angewandt" (Koch/Hampel/Keller/Bernhardt, 2020, 232f. zu einem Beispiel aus Berlin; Herv. i. Orig.).

Teilen, das bedeutet angesichts der Kluft zwischen Arm und Reich sowie der Verwicklung der Lebenslage der Reichen mit der Lebenslage der Armen, dass man an einer konsequenten Politik der Umverteilung nicht vorbeikommt. Die Umverteilung zugunsten bestimmter Gruppen enthält notwendigerweise eine Zumutung für andere Gruppen. Die Kirche sollte sich als Parteigänger einer Politik der Umverteilung verstehen, aus Solidarität mit den Armen (vgl. Häfner, 1995, 286; s.a. Schneider in: KDA, 2013, 3). Für Friedhelm Hengsbach kommt aber die Umverteilung von bereits angehäuftem Reichtum immer zu spät (vergl. 2015, 9). Er fordert die Vermögenssteuer, denn „die exklusiv Reichen (sollen sich R.M.) an den öffentlichen Lasten beteiligen und sich der dringenden Finanzierung öffentlicher Güter nicht weiter entziehen, (…)" (ders., 2015, 112). Mit der Corona-Krise kam das Thema erneut auf die Tagesordnung (vgl. H. Koch, 2020, 19) – in Anlehnung an die „Platon-Steuer" bzw. die „Breitner-Steuer", wodurch darauf hingewiesen wird, dass man das Eigentum nur maximal auf das Vierfache ausdehnen dürfte und Steuern auf einen aufwendigen Luxus-Lebensstil erfolgen müssten. Auch Erbschaften sollten mit 80 Prozent besteuert werden.

Teilen, das bedeutet auch Arbeit zwischen Frauen und Männern teilen, auf allen Ebenen und in allen Dimensionen. Wenn Frauen und Männer wirklich solidarisch hinsichtlich der zu verteilenden Arbeit wären, dann müsste ein Mix von lohnabhängiger Erwerbsarbeit/freiberuflicher Arbeit, Hausarbeit/Care-Arbeit, Ehrenamt und Freizeit realisiert werden können. Eine 25–25–25–25 Stundenlösung wöchentlich ist anzustreben, für jeden und jede.

Auch sollte die Diskussion zum gerechten Lohn nicht aus den Augen verloren werden: Care-Erwerbsarbeitsplätze sind finanziell besserzustellen, Managergehälter z.B. einzudampfen. Eine Lohnspreizung um das 56fache ist nicht akzeptabel und mit dem Aspekt der Leistungsgerechtigkeit nicht zu begründen. Kommunikation, Beziehungsaufbau und Empathie sind auch Arbeit und für die Arbeit wertvoll und daher auch finanziell wertzuschätzen. Selbstsorge, Zeit für Muße und für eigene Interessen ist ein angemessener Raum zu geben. Hier verschränkt sich „Teilen" auf unterschiedlichen Ebenen.

Eckhard Stratmann-Mertens (1995) spricht von dem Standpunkt einer universalistischen Solidarität (vgl. 190) davon, wo eine Solidarität in der Einen Welt nur durch eine nachhaltige Entwicklung zu erzielen ist bzw. dass eine Solidarität nur im Teilen bestehen kann (vgl.194), dass „ein erfolgreiches Erreichen globaler Gleichheitsziele über Wachstum und wirtschaftliche Effizienz (...) im Widerspruch zu den ökologischen Dimensionen der tragfähigen Entwicklung" steht (T. Haavelmo auf 194). Teilen bedeutet hier, dass Strukturanpassungen in den Ländern des Nordens vorgenommen werden müssen, dahingehend dass ein Übergang zu einer nachhaltigen Entwicklung eingeschlagen wird, der sich u.a. darin ausdrückt, dass nicht nur das konsumistische Wohlstandsmodell überwunden wird, sondern auch die naturausbeuterische Produktionsweise (vgl. 202). Teilen, das heißt: „Statt auf dem Weg zur Nachhaltigkeit allein auf die Karte der Effizienzrevolution und ‚neuer Wohlstandsmodelle' zu setzen, sind Strategien der Genügsamkeit und der Selbstbegrenzung im Konsumverhalten und in der Produktion notwendig" (202). Man muss sich von den Zielen der Wachstums-, Einkommens- und Konsumsteigerung verabschieden (vgl. 202). So sollten die Tarifparteien umschwenken von dem Ritual jährlicher Einkommenssteigerungen auf das Ziel qualitativer Verbesserungen (vor allem Arbeitszeitverkürzung in allen Formen, Humanisierung und Demokratisierung der Arbeitswelt etc.) (vgl. 202). Die Arbeitszeitverkürzung resp. Neukonzeption von Erwerbsarbeit (siehe oben) ist zu flankieren mit einer bedarfsorientierten Grundsicherung (vgl. 203), die finanziert werden soll aus der Reichtumssubstanz (siehe auch oben).

Vom Teilen im Alltag berichten die österreichischen Kirchen: „Es ist ganz einfach. Ich zahle zwei Kaffees – einen für mich und einen für jemanden, der es sich nicht leisten kann, so die Aktion Sospeso Bo(h)nuskaffee, die ausgehend von Neapel jetzt auch in Österreich stärker Fuß fasst. Personen zahlen im Voraus in einem Lokal für Essen oder Trinken, das für jemanden bestimmt ist, der es sich nicht leisten kann. Spender und Empfänger bleiben einander unbekannt, um Großzügigkeit, Stolz und den Genuss von Kaffee auch in schweren Zeiten zu schützen. Nicht nur Kaffee, sondern auch Brot, kleine Mahlzeiten oder Gemüse werden so zwischen Unbekannten geteilt. In Serbien oder Montenegro machen über hundert Bäckereien, Gasthäuser und kleine Märkte mit. Am einfachsten: Lokale rund um die Pfarrgemeinde anfragen, ob sie mitmachen" (Ökumenischer Rat der Kirchen in Österreich, 2016, 14).

4 Eine Kultur der Langsamkeit[3]

In den Ausführungen an anderer Stelle wurde darauf hingewiesen, dass es zu einer Beschleunigung in der Gesellschaft gekommen ist. Die maschinelle Beschleunigung hat eine „Verrohung aller Beziehungen" zur Folge, darauf weist Marianne Gronemeyer hin (vgl. dies., 1996, 138) und zitiert Adorno: Die Beschleunigung „macht einstweilen die Gesten präzis und roh und damit die Menschen. Sie treibt aus den Gebärden alles Zögern aus, allen Bedacht, alle Gesittung. ... In den Bewegungen, welche die Maschinen von den sie Bedienenden verlangen, liegt schon das Gewaltsame, Zuschlagende, stoßweis unaufhörliche der faschistischen Mißhandlungen (Th. W. Adorno 1985, S. 42f.)" (dies., 138). Schließlich macht Heuwinkel deutlich, dass durch eine Steigerung der Geschwindigkeit in der Gesellschaft Aggressionen (vgl. dazu z.B. Heuwinkel, 2006, 99) zunehmen, Handlungen (z.B. das Anrempeln) als eher aggressiv erlebt werden, durch die Gewalt der gesteigerten Geschwindigkeit die Schwere der Unfälle zunimmt (vgl. ders., 140) und durch Geschwindigkeit vieles überrannt wird (vgl. ders., 289). Fazit: Unter der Beschleunigung kommt es zu einer Verschärfung von Erfahrungen auf „Aggression" und „Gewalt" hin und damit einhergehend zu einer Intensivierung der Erlebnisqualitäten von Schmerz und Leid.

Die Digitalisierung dient der Beschleunigung der Kommunikation sowie des Informations- und Datentransfers; die Digitalisierung beschleunigt und intensiviert die industrielle Produktion – und damit wird auch der Stoffumsatz durch die Digitalisierung intensiviert. Darüber hinaus tragen diese Beschleunigungsprozesse zu einem erhöhten Stromverbrauch bei (vgl.

---
[3] Erweiterte Ausführungen aus Mierzwa, 2021c, 293 und 2020c, 59–63

Mierzwa, 2020b, 48–55). Das Auto dient auch der Beschleunigung bei der Mobilität. Aber die Umweltbilanz der Auto-Mobilität ist katastrophal.

Es zeigt sich mit diesen Andeutungen; viele der ökologischen Probleme hängen damit zusammen, weil wir Menschen der Schnelligkeit geworden sind: Schnelle Flugzeuge, schnelle Autos, schnelle Rechner, die Hausarbeit beschleunigende Küchengeräte und –maschinen usw. Der nicht-nachhaltige Mensch lebt ein Leben im Schleudergang, bzw. der Beschleunigung(sfalle). Das Leben findet im Zeitraffer statt. Und so bevorzugen wir auch eine virtuelle Kommunikation, Begegnung usw. Die Menschen der Beschleunigung können nicht mehr achtsam sein bzw. nicht mehr staunen.

Dementgegenüber gibt es den langsamen bzw. nicht-gehetzten Menschen. Er kann sich Zeit nehmen für den Abwasch, statt schnell mal die Spülmaschine anzuwerfen. Er ist ein vorwiegend gehender Mensch, statt häufig das Auto zu nutzen. Der verlangsamte Mensch findet wieder zum sensomotorischen Wahrnehmen und damit zum Wahrnehmen überhaupt und damit zur Wertschätzung der Dinge. Der Mensch der Langsamkeit findet wieder zum Erleben und nimmt das damit verbundene Glücksgefühl, etwas wirklich erlebt zu haben, in andere Lebenszusammenhänge hinein. Er muss nicht mehr schnell von A nach B kommen, sondern genießt das Reisen. Die Reise wird ein eigener Erlebnisraum. Der Mensch der Langsamkeit, der wieder etwas (intensiv) wahrnimmt, der wieder etwas erfährt und erlebt, lässt sich nun auch nicht mehr durch die Werbung der Schnelligkeit verführen. Produkte der Beschleunigung sprechen ihn nicht mehr an und er muss nicht mehr alles auf einmal haben – und das sofort! Und die schnellen virtuellen Welten des Computers verführen ihn auch nicht mehr. Er täuscht sich zum Beispiel nicht darüber, dass Lernen nur gelingt, dass Wissen nur entsteht, wenn man etwas noch einmal handschriftlich zusammenfasst, mit eigenen Worten und dann auch noch das Gespräch mit Mitmenschen über die Inhalte des Stoffes gesucht wird. Und von den langsameren Kindern lernt der Erwachsene den Weg zum Staunen zu finden.

Geld ist ein Beschleuniger. Mit Geld werden ganz schnell Räume verbunden, die sich sonst langsam aufeinander zubewegen würden. Indem Geld über Kredite auf zukünftige Zeitpotenziale ausgreift, beschleunigt es das ökonomische Handeln, weil versucht wird die „verkaufte" Zeit zurückzugewinnen. Das Geld ist maßlos und führt dazu, dass die, die auf der Basis von Geld handeln und entscheiden, schnelleren Bewegungs- und Wachstumsmustern unterliegen. Geld bewegt sich schnell durch die moderne Informationstechnologie. So ist Geld in Verbindung mit der Informationstechnologie ein Beschleuniger des Lebens. Der langsame Mensch steigt (partiell) aus dem Geldsystem aus, zum Beispiel indem er keine Kredite in größerem Umfang aufnimmt, weniger an der digitalen Geldökonomie Anteil nimmt und Waren und Dienstleistungen vorwiegend über Zeitwährungen tauscht.

Der langsame Mensch will deswegen langsam sein, damit Beziehungen der Resonanz entstehen können, z.B. bei einem Waldspaziergang, beim Konzertbesuch oder beim Kennenlernen eines Menschen. Die Langsamkeit in Beziehungen der Resonanz ist dazu da, damit man wechselseitig antworten kann, damit man sich als selbstwirksam erfährt, damit Dinge zum Sprechen gebracht werden können, damit man innerlich bewegt wird, damit man aufeinander eingehen kann und sich dabei verändern kann (vgl. Rosa, 2018, 70ff.).

Wenn Menschen eine Metamorphose zum langsamen Menschen durchmachen, dann ist eine soziale und gesellschaftliche Metamorphose möglich – unsere Art des Arbeitens, des Wirtschaftens, des Bewegens, der Forschung (des Denkrythmus, der Nachdenklichkeit und des Entdeckens), der Politik (der Demokratiekultur) wird sich verändern. Alles wird anders werden. Nichts wird davon ausgenommen werden, weil es überall Menschen sind, die diese Institutionen und Strukturen zum Leben bringen. Die Menschen, die soziale Strukturen miteinander formen, werden die sozialen Strukturen neu formen. Es wird zum Beispiel dem Reparieren wieder mehr Zeit geschenkt und dadurch ein Neukauf von Produkten geringer. Andere schreiben Tagebuch oder widmen sich der Gartenarbeit und finden dadurch zum eigenen langsameren Lebenstempo. Man steht zusammen und kocht wieder, statt schnell mal die Mikrowelle für Fertiggerichte anzuwerfen. Bei der sozialen Metamorphose ist mit Widerständen zu rechnen – wegen Ängstlichkeit, wegen Beharrungskräften oder wegen Macht-Menschen, die über Schnelligkeit verführerische Machterlebnisse machten. Das kapitalistische System mit seiner Wachstumsorientierung funktioniert sehr stark über das Regime der Beschleunigung (vgl. zum Aspekt der Langsamkeit: Hengsbach, 2013; Sondervotum der Sachverständigen

Michael Müller, Prof. Dr. Uwe Schneidewind, Prof. Dr. Ulrich Brand, PD Dr. Norbert Reuter und Prof. Dr. Martin Jänicke sowie des Abgeordneten Dr. Hermann E. Ott und der Fraktion DIE LINKE. zum Bericht der Projektgruppe 5 im Schlussbericht der Enquete-Kommission „Wachstum…", vom 3.5.2013 [BT.-Drucksache 17/13300], 749, 2. Spalte; Coenen-Marx, 2017, 185–188; Frank, 2018, 140–146; vgl. Solnit, 2000/2019, 11 und 17).

Eine Kultur der Langsamkeit ist anti-kapitalistisch. Helmut Höge zitiert den General Direktor der internationalen Euro Exim Bank Ltd. Jener betrachtet Menschen, die zu Fuß gehen, als kapitalistische Katastrophe: „Ein Radfahrer ist bereits eine Katastrophe für die Wirtschaft des Landes: Er kauft keine Autos und leiht sich kein Geld, um zu kaufen. Er zahlt nicht für Versicherungen. Er kauft keinen Treibstoff, zahlt nicht für die notwendigen Wartungsarbeiten und Reparaturen. Er benutzt keine bezahlten Parkplätze. Er verursacht keine schweren Unfälle. Er benötigt keine mehrspurigen Autobahnen. Er wird nicht fett. Gesunde Menschen sind weder gebraucht noch nützlich für die Wirtschaft. Sie kaufen keine Medizin. Sie gehen nicht in Krankenhäuser oder (zu R.M.) Ärzte(n R.M.). Dem Bruttoinlandsprodukt des Landes wird nichts hinzugefügt. Ganz im Gegenteil, jedes neue McDonald's Restaurant schafft mindestens 30 Arbeitsplätze: 10 Kardiologen, 10 Zahnärzte, 10 Diätexperten und Ernährungsberater und all die Menschen, die im Restaurant arbeiten" (vgl. taz 29.06.2021).

Pilgern ist eine ganz besondere Form des Gehens, mit einem ganz besonderen Zeitgefühl, mit dem Wegfall von „aristokratischen" Verhältnissen, mit einem neuen Bewusstsein für Umgebung, Körper und Mensch – man lässt die Verwicklungen mit der Welt zurück (Solnit, 2000/2019, 65–66). Pilgern, das zu einer persönlichen Verwandlung beitragen kann, kann eine politische Seite haben. So zählt Rebecca Solnit (2000/2019) zum Pilgern den „Walk for Justice"-Marsch oder den Marsch zum Gedenken an den dreißigsten Jahrestag der Ermordung von Martin Luther King (70). Aber auch Friedensmärsche seien erwähnt oder AIDS-Läufe (71). Eine „Friedensaktivistin", die sich zur „Friedenspilgerin" berufen sah und mehrere tausend Kilometer wanderte, berichtete davon, dass Gespräche mit Menschen, denen sie auf dem Pilgerweg begegnete, unbelastet von Komplexität, Dogma und Zweifeln waren (vgl. 71). Das Fehlen von materiellen Besitztümern und der fehlende Gebrauch von Geld empfand sie als Geschenk der

Freiheit (vgl. 72). Sie bat nicht um etwas – sie fastete, bis ihr etwas gegeben wurde (vgl. 73). Politische Pilger wählen das Pilgern, weil sie eher appellieren, als fordern wollen. Sie wollen um einen Wandel der gesellschaftlichen Verhältnisse bitten, „statt ihn zu erzwingen" (75). Politisches Pilgern kann so „ein außerordentliches Instrument in den Händen der weniger Mächtigen sein, um den Mächtigen Veränderungen abzuringen" (75). Damit stellen sie ihre „Kraft und ihre Freiheit auf die Probe" (76).

5 Eine Kultur des Weniger[4]

Eine Kultur des Weniger ist radikaler im Vergleich zu einer Kultur der „Mäßigung", wie sie von Margot Käßmann oder Harald Welzer vertreten wird (vgl. Mehl, 2016, 96). Mäßigung ist eine moderne Vorstellung für das „neue" Verhalten im Kontext des Nachhaltigkeitsdiskurses (vgl. ders., 2016, 101; zum Nachhaltigkeitsdiskurs vgl. Mierzwa, 2020c, 93–112)[5]. Die Kultur des Weniger greift hier tiefgreifender in das Verhalten des Menschen ein.

Thomas Berry (2015, 24) erinnerte an den weisen Rat der indigenen Völker/Indianer, ein einfaches Leben zu führen[6].

---

[4] Bearbeitete und ergänzte Ausführungen aus Mierzwa, 2021b, 55–61

[5] Gudula Frieling (2016) weist auch darauf hin, dass bei dem (katholischen) Expertentext „Klimawandel – Brennpunkt globaler, intergenerationeller und ökologischer Gerechtigkeit", aus dem Jahr 2006, der sich dem „Leitbild der Nachhaltigkeit" verpflichtet weiß (vgl. dies., 2016, 68), „sorgfältig der Eindruck vermieden (wird R.M.), dass es letztlich um eine Absenkung des Wohlstandsniveaus in Deutschland oder auch nur um eine Abkehr vom energieintensiven Lebensstil unter Christinnen und Christen gehen könne" (dies., 2016, 68). Gudula Frieling weist mit dem Hinweis auf Franz Böckle (dies., 2016, 557) und Stefan Ernst (dies., 2016, 559) darauf hin, dass ethische Handlungsentwürfe in der katholischen Kirche (des Nordens) nur im Horizont des gesellschaftlichen Mainstream formuliert werden bzw. nur in einem Rahmen, den die Gesellschaft als wichtig erachtet. Dadurch kommt eine „Kultur des Weniger" in der katholischen Moraltheologie/Sozialethik nicht vor, so meine Schlussfolgerung daraus.

[6] Allerdings macht eine genauere Betrachtung der Lebensweise der Indianer, hier der Crow (vgl. Lear, 2021, 19–153), deutlich, dass man sich immer bei den indigenen Völkern/Indianern fragen muss, innerhalb welches Bezugssystems ein solcher Rat gestanden haben könnte. Wenn er z.B. dazu da gewesen wäre, ein Leben des Kampfes zu stützen, vorzubereiten, dann wäre es aus pazifistischer Sicht problematisch. Wenn der Rat aber dazu dagewesen wäre, um ein „exklusiv" nomadisches Leben führen zu können, dann wäre dem Rat mehr abzugewinnen. Auch wenn der Rat dazu dagewesen wäre, um

M. Gandhi's Weg der Gewaltfreiheit war verbunden mit Besitzlosigkeit und der Entsagung von allem Überflüssigen. Das darf man nicht allein als individuelle Tugendhaltung interpretieren. Er verband mit dieser Haltung Anfragen und Herausforderungen an und für die gesellschaftlichen Verhältnisse (vgl. Müller/Gromes, 2006, 2f.). Allerdings hatte das bei M. Gandhi sehr hohe Ansprüche. Andere etwa, die gewaltfreie Aktionen verfolgten, wie Martin Luther King, sind nicht als besonders enthaltsam bekannt (vgl. dies., 3). Gandhi's Besitzlosigkeit und seine Entsagung vom Überflüssigen war verbunden mit der Einstellung, „auf die Früchte des eigenen Handelns zu verzichten". Man sollte den Weg der Bescheidenheit usw. „nicht wegen des Ziels verfolgen, sondern ihn seiner selbst willen gehen" (dies., 3).

Auch Ulrich Duchrow spricht bei verschiedenen Gelegenheiten, wo er von einer Befreiungstheologie für Europa spricht, davon, dass wir im Norden zu einem Weg des „Weniger" finden müssen (s.a. ders., 2013, 109).

Gegenwärtig legt auch Schwester Karoline Mayer ein Zeugnis gelebter Armut ab.

André Gorz, der die lateinamerikanische Befreiungstheologie rezipierte, entdeckte in der Konsequenz für sich einen „armen" Lebensstil. Die lateinamerikanische Befreiungstheologie rezipierte den Reich Gottes Gedanken sehr stark.

Wieviel Armuts-Haltung in dem von Christian Felber anvisierten materiell bescheidenen Leben zu finden ist, müsste das Gespräch klären (vgl. hier Felber, 2020, 220).

---

mit dem Leben als Jäger zurecht zu kommen, dann wäre dem Rat auch mehr abzugewinnen. Wenn aber der Rat nun erfolgt, um mit einer zerstörten traditionellen Lebensweise beim Leben im Reservat zurecht zu kommen, dann ist es ein Rat aus einem „Zusammenbruch" heraus. Ist der Rat, ein einfaches Leben zu führen, eine Antwort auf die Herausforderung, auf eine erstrebenswerte und vortreffliche Weise zu leben, zum Beispiel als „neues" Crow-Subjekt, nachdem die Begriffe verloren gegangen sind, mit denen ich mich z.B. bisher als Crow-Subjekt und die Welt verstand? Könnte der Rat ein einfaches Leben zu führen, ein Rat sein, nachdem z.B. die Crow an die geschichtliche Grenze ihrer bisherigen Lebensweise angelangt waren? Könnte der Rat ein einfaches Leben zu führen, ein Rat sein, den z.B. die „neuen" Crow-Subjekte entdeckt haben könnten, nachdem sie das Leben des weißen Mannes studiert haben und kritisch darauf geschaut haben, was jener als Erfolge ausgab (vgl. hier Seite 130)? Könnten z.B. die „neuen" Crow-Subjekte im „einfachen Leben" eine neue Lebensweise mit Mut entdeckt haben, nachdem der alte Begriff des Mutes zusammengebrochen war?

Ebenfalls Hildegard Goss-Mayr hat anscheinend die Einstellung, dass das Einnehmen eines Lebens in Armut dazu beiträgt, die strukturelle Gewalt zu überwinden (vgl. Engelke, 2019, 166).

Auch Simone Weil entschied sich für einen Weg des Verzichts in Solidarität mit anderen Menschen.

Und Traugott Jähnichen weist auf Dorothee Sölle hin, die den Wert der „neuen Armut"[7] als alternative und lebensdienliche Lebensform in der christlichen Tradition entdeckte (vgl. ders., 2008, 9).

Gudula Frieling scheint für eine „Kultur des Weniger" einzutreten – dies lese ich daraus, wenn sie fordert, dass auf eine „Abschaffung des Reichtums hingearbeitet werden" muss (dies., 2016, 561).

Diese Armutshaltung kommt nicht aus dem Nichts. So weist Sabine Zöllner (2016) darauf hin, dass eine Haltung der Dankbarkeit gegenüber destruktiven Impulsen wie Neid und Gier immunisiert und diese stehen bekanntlich einer Armutshaltung im Wege. Sie schreibt: „Vielleicht könnten die Impulse, die das neue Interesse an Dankbarkeit in die Gesellschaft einbringt, das Denken ein wenig von dem Wunsch nach Mehr und Weiter hinlenken zur Zufriedenheit" (dies., 105). Dankbarkeit ist ein „religionsaffines Gefühl" (dies., 109), dem im Horizont des christlichen Glaubens Taten folgen sollten (vgl. dies., 109). Weil dankbare Menschen eher erkennen „dass sie (als Menschen R.M.) miteinander auf eine mysteriöse und wundersame Weise verbunden seien in einem weitreichenden transzendenten Kontext" (dies., 100) sind sie eher bereit zu einer Haltung der Armut und zu einer Kultur des Weniger zu finden. Und „Dankbarkeit für das Vorhandene könnte (. . .) wichtig werden um einen Ressourcen schonenden Umgang zu etablieren" (dies., 107).

An anderer Stelle gibt es weitere wichtige Hinweise, von denen es zu berichten gilt, weil sie einen Beitrag leisten, um zu verstehen, wie es zu einer Armutshaltung kommen kann. So berichtet Marcel Hunecke (2013), dass ein hoher Selbstwert die Widerstandskraft gegen den Konsumdruck erhöht. Mit einem gestärkten Selbstwert der Person besteht eine Widerstandskraft „gegenüber kompensatorischen und demonstrativen Formen des Kon-

---

[7] Dorothee Sölle. Neue Armut, S. 159–163 in: Hans-Eckhard Bahr/Reimer Gronemeyer (Hg.): Anders leben – überleben, Frankfurt/Main 1978

sums" (ders., 22). Weiter: „Ein hoher Selbstwert macht den Einzelnen unabhängiger von sozialen Vergleichsprozessen und steigert die individuelle Autonomie. Hiermit kann sich der Einzelne leichter gegen Erwartungen abgrenzen, die von seinen sozialen Bezugsgruppen an ihn herangetragen werden" (ders., 22). Wenn weniger das Bedürfnis besteht, Zugehörigkeit und Rang der eigenen Person durch Formen von materiellem Wohlstand zu symbolisieren, sinkt der Konsumdruck. Die Selbstakzeptanz hinsichtlich sozialer, leistungsbezogener und physischer Aspekte ist bei Personen mit einem hohen Selbstwert sehr ausgeprägt. Indem sie Stärken in spezifischen Bereichen der Persönlichkeit wahrnehmen fällt es ihnen leichter Schwächen in anderen Bereichen der Persönlichkeit zu akzeptieren (vgl. ders., 23). Menschen mit vergleichsweise mehr *flow*-Erfahrungen in ihrem Leben weisen ein höheres Selbstwertgefühl auf (vgl. Csikszentmihalyi, 2014, 81).

Eine Achtsamkeitskultur kann bei Personen die Überzeugung stärken „materiell genug zu haben" (vgl. Hunecke, 2013, 31). „Die Achtsamkeit begrenzt das Streben nach immer mehr materiellem Besitz und öffnet den Blick für andere, nicht selbstbezogene Werte" (ders., 31f.). Wenn die Achtsamkeitskultur auf das Bewusstsein hinlenkt, Teil eines großen übergreifenden Ganzen zu sein, wird der Wert des Einfachen wieder ganz neu entdeckt. Man braucht dann weniger, wird das Wenige dankbarer genießen und mehr schätzen können (vgl. Petersen, 2005, 106).

Wenn man so etwas wie einen Gesamt-Sinn in dem eigenen Leben erkennt, zu einem Lebensthema findet (vgl. Tausch, 2004, 90), wird es eher möglich in Armut zu leben (vgl. Leonhard Ragaz, Sr. Karoline Mayer oder Hildegard Goss-Mayr). Wenn es nun eher möglich geworden ist im Leben aus einer zufälligen Aneinanderreihung von Lebensereignissen herauszufinden, dann kann man eine Armutshaltung eher durchhalten.

Ohne ein narzisstisches Defizit wird keine ständige Steigerung, kein unbegrenztes Wachstum gebraucht (vgl. Maaz, 2012, 22). Der nichtnarzisstische Mensch braucht nicht die Droge des mehr-Habens, um darüber aufgewertet und bewundert zu werden (vgl. ders., 34). Die narzisstische Kompensation (für frühen Mangel an Liebe und Bestätigung) braucht hingegen Konsum, Besitz, Verbrauch, kleinen Wohlstand, Animation und Aktion, um das seelische Defizit aufzufüllen, um aber dennoch niemals vom seelischen Bedürfnisschmerz erlöst zu werden (vgl. ders., 61, 191 und

5 Eine Kultur des Weniger

201). Der nicht-narzisstische Mensch braucht nicht das „gefüllte Haus", sondern erfreut sich am „gefüllten Herzen". Der nicht-narzisstische Mensch hat nicht das Bedürfnis mit demonstrierten Wohlstand etc. „dazuzugehören", an die gesellschaftlichen Bedingungen sich anzupassen im Interesse der Kompensation narzisstischer Defizite (vgl. ders., 51; s.a. 60f.). Der nicht-narzisstische Mensch braucht nicht Obrigkeiten, die Konsum und Wohlstand versprechen (vgl. ders., 62). Dass die narzisstisch strukturierten Menschen zu diesem Weg in die „Armutsfrömmigkeit"[8] finden, aus ihren „Süchten" aussteigen, von den „Drogen" Auto, Flugreisen, Macht durch Geldvermögen etc. lassen, wird erst möglich sein, wenn sie eine grundsätzliche Kapitulation des bisherigen Verhaltens akzeptieren. „Dies aber wird in den allermeisten Fällen erst demjenigen möglich, der richtig ‚in der Gosse liegt'. Erst das reale Ende der Abwehr und die tatsächliche Lebensbedrohung schaffen eine Chance zur Einsicht und Veränderung" (ders., 65). Eine gelebte Armutsfrömmigkeit kann aber auch eher gelingen, wenn Narzissten durch eine Gruppenbindung eingehegt werden, wo der Gruppengeist sich solidarischen Projekten widmet, wobei jeder abwechselnd zur Geltung kommt und Anerkennung erfährt, strukturell (im Gruppenzusammenhang) entschiedene Projekte zur gelebten Armut „nötigen", ohne allerdings dabei in einem Wettstreit um die besseren Projekte zu stehen und mit der in der Gruppe gelebten Armutsfrömmigkeit nicht ein großartiges Ziel oder ein besonderes Alleinstellungsmerkmal angestrebt wird (angeregt durch die Ausführungen auf den Seiten 108f.). Eine Gruppenbindung bzw. ein soziales Netzwerk, welches es möglich macht, die narzisstischen Masken abzulegen, „„das falsche Leben zu beenden und mit Schmerz und Trauer zu dem authentischen Kern zu finden, so unentfaltet oder beschädigt er auch sein mag" (ders., 207), kann zu einem Ablassen von der narzisstischen Kompensation beitragen.

---

[8] Wenn von „Frömmigkeit" hier an dieser Stelle gesprochen wird, dann erfolgt hierbei sehr stark eine Abgrenzung von traditionellen Formen der Frömmigkeit, wie sie bisher im Christentum praktiziert wurden. Es wird vor allem von einer „Frömmigkeitshaltung" distanziert, die doch, genauer betrachtet, auch wenn sie im evangelischen Kontext erfolgt, immer noch Ausdruck einer „Werkgerechtigkeit" ist oder auch deswegen erfolgt, um „soziales Ansehen" zu erhalten.

5 Eine Kultur des Weniger

Mit dem von Gudula Frieling zitierten Psychologen Arno Gruen kann man sagen, dass eine „Kultur des Weniger" erst dann aufkeimen wird, wenn wir die „Jagd nach Gütern (einstellen R.M.), die uns vor den im Inneren lauernden Unzulänglichkeitsgefühlen, vor unserer Verletzlichkeit, die wir nicht wahrhaben wollen" (vgl. in: dies., 2016, 570) schützen sollen. Arno Gruen stellt (bei ihr) fest: „Etwas kaufen zu können hat so den Platz einer Heilung angenommen".

Eine wirklich solidarische Grundhaltung führt zu einer Einstellung, die nicht am materiellen Wohlstand orientiert ist. Der solidarische Mensch hat ein subjektives Wohlbefinden ohne eine „Haben"-Haltung (vgl. Hunecke, 2013, 36). Der solidarische Mensch handelt in dem Bewusstsein, dass ein Streben nach materiellem Wohlstand einer kooperativen Haltung im Prinzip gegensätzlich gegenübersteht.

Man kann in Gudula Frielings Worten eine „Kultur des Weniger" auch als eine Praxis der Widersetzung des Sogs betrachten, „sich an den (…) Opferungsprozessen zu beteiligen" (dies., 2016, 570). Diese „Kultur des Weniger" ist nicht exklusiv den Ordensleuten vorbehalten, sondern ist auch „in der Welt" möglich (vgl. dies., 2016, 575). „Was für uns reiche Christen als Zumutung erscheint, nämlich unseren Konsum und unsere Geltungsbedürfnisse herunter zu fahren, ist aus der Perspektive der Armen eine Frage der Gerechtigkeit" (dies., 2016, 579).

Eine Armutshaltung ist schwer dauerhaft in einer individualistisch ausgerichteten Lebensführung durchzuhalten. Es bedarf einer Gemeinschaft, die das Leben trägt. Ein Leben in Armut ist in soziale Interaktion einzubetten, damit es dauerhaft durchgehalten werden kann.

Die Armutshaltung wird da „christlich", wo der Mensch frei wird von Formen der „angstvoll-egoistischen Selbstbehauptung" (Zitat in: Jähnichen, 2008, 5), wo einhergehend mit der Armutshaltung „Stolz und Selbstgefälligkeit" (Zitat in: Jähnichen, 2008, 9) von einem abfallen, wo das Streben nach „Statussymbolen und Privilegien der Gesellschaft"[9] bei einem verschwindet und ein vergleichendes Leistungsdenken (auch bei der Armutsfrömmigkeit) zurückgelassen wird.

---

[9] So wie die kleinen Schwestern Jesu die Armutsfrömmigkeit praktizieren ist es eine Armutshaltung ohne Statussymbole und Privilegien (vgl. Mierzwa, 2021a, 111–115).

Dann erscheint zum Abschluss von Gudula Frielings Ausführungen folgendes Zitat von Arno Gruen: „Freisein entsteht nicht durch Fortschritt, sondern, wie der berühmte amerikanische Humanist Joseph Wood Krutch es einmal formulierte, dadurch, dass man mit weniger schöpferisch leben kann" (Zitat in: dies., 2016, 579).

Leonardo Boff verweist darauf, dass unter dem Leben mit dem Konzept des „Buen Vivir"/„bien vivir" eine „Ethik des Genug" enthalten ist (vgl. Ulrich, 2015, 251). „Bien vivir" umfasst „Genügsamkeit". Diese Haltung der „Genügsamkeit" ist verschränkt mit einer Ethik der Achtsamkeit. Für Paulo Suess ist gutes Leben (Kawsay Sumak) eine Utopie, die sehr nahe an der Utopie des Reiches Gottes ist (vgl. Ulrich, 2015, 256). Wir werden dieses Konzept des „Buen Vivir"/„bien vivir" erst für uns entdecken müssen, wobei L. Boff mit ähnlichen Worten wie M.L. King darauf hinweist: „Das alte, kranke System stirbt nur langsam, das neue, im Entstehen begriffene wird nur unter Mühen geboren" (Zitat in: Ulrich, 2015, 253).

Die Religionen kennen den Zusammenhang einer Spiritualität der Mäßigung und Entsagung und der Fähigkeit zum Mitgefühl. Der Dalai Lama weist auf die Askese von Jain-Mönchen hin (2012, 22 und 52) bzw. auf deren meiden von materiellem Komfort. Auch erwähnt er, dass die daoistischen ethischen Lehren die sogenannten „drei Juwelen des Dao" betonen: Mitgefühl, Mäßigung und Dao (vgl. ders., 39). Eine Weisheit des Buddha ist es, das Herz zu zähmen bzw. die Gier (vgl. ders., 45). Später weist der Dalai Lama noch darauf hin, dass Buddha zwar die extreme Askese ablehnte, aber für ein ethisches Verhalten den spirituellen Weg einer Verzichtskultur als unausweichlich betrachtete (vgl. ders., 47). Im Buddhismus nimmt das Mitgefühl einen großen Stellenwert ein. In bedeutenden heiligen Texten der Hindus wird ein sich-selbst-Zügeln, das frei-Sein von Besitzgier und Egoismus mit der Fähigkeit zu Mitgefühl in Beziehung gesetzt (vgl. ders., 86; s.a. 179f.). Beim Christentum nennt er Franz von Assisi und Mutter Teresa von Kalkutta als lebendige Beispiele für gelebtes Mitgefühl (vgl. ders., 94) und würdigt mit diesen Beispielen auch indirekt den Zusammenhang von einem Leben in Armut und lebendigen Mitgefühl. Beim Islam weist er auf die Fastenkultur hin. Das Ringen um das einfache, zurückgenommene Leben ist ein spiritueller Kampf, verstanden als ein Leben im Einklang mit dem Atem, dem eigenen Atem und dem Atem des Kosmos. Die Askese ist dazu da, das Herz zu öffnen und darüber „das Mitgefühl aufblühen zu lassen" (siehe ders., 154). Wenn der Dalai Lama vom Mitgefühl spricht, dann nicht im engen Sinn des Wortes, sondern er denkt dabei von einem Metaphernfeld her, das z.B. die Nächsten- und Feindesliebe, Güte; Barmherzigkeit und das Mitgefühl umgreift. Auch ist ihm klar; man muss nicht einer Religion angehören, um diesen spirituellen Zusammenhang im eigenen Leben mit Leben zu erfüllen (vgl. ders., 156). Aber es ist ihm wichtig darauf hinzuwesen: Alle Glaubenstraditionen „leiten den gläubigen Menschen zu einem Leben der Einfachheit, der Mäßigung seines Begehrens sowie zur Selbstdisziplin (...)" an (157). Im Interesse von mehr Mitgefühl in der Welt geht es darum, eine rein materialistische und ichbezogene Weltsicht zu überwinden.

Lebendiges Mitgefühl ist eine Grundlage dafür, um sich von der „imperialen Lebensweise" abzuwenden. Mit der Armutsfrömmigkeit von Franz von Assisi ist dieses lebendige Mitgefühl mit „Freude" verwoben. Ein Leben in „Freude" lässt in einem die „Leidenschaft" verdorren, gleich einem Trüffelschwein, nach den „Schattenseiten" des/der Anderen zu forschen, sich an der Sünde/der „imperialen Lebensweise" des Anderen zu ergötzen und schadenfroh gegenüber Lebensschwächen des Anderen zu sein, um dann einen Grund für Maßregelungen, die Predigt der Gebote oder weise Ratschläge zu haben. Insofern geht diese „religiös-spirituelle" Verzichts-/Armutskultur, die Kultur der Entsagung und der Mäßigung tiefer und weiter als eine Suffizienzhaltung. Vor allem kennt sie – mit der Armutsfrömmigkeit von Franz von Assisi – den Aspekt der Freude. Mit Freude im Herzen ist die Verzichts- und Armutskultur, die gelebt wird, ein „zärtliches" Alternativ-Angebot an den Nächsten/den Anderen. Mit Freude im Herzen ist die Verzichts- und Armutskultur frei von dem Seitenblick nach „Ruhm" und „Ehre" mit dem eigenen Verhalten.

Tiny-Häuser sind ein gutes Beispiel für ein einfaches Leben, für ein Leben mit weniger. Das sind Häuser auf Rädern, mit den Maßen 7,20 Meter lang, 2,55 Meter breit und 3,91 Meter hoch, die nicht überschritten werden dürfen. „Und schwerer als 3,5 Tonnen darf es auch nicht werden" (Vogt, 2021, 15). Manchmal wird an der Dämmschicht gespart, um Freiraum für die Innenausstattung zu haben. Das kann Parkett sein oder eine Fußbodenheizung. Tiny-Häuser sind sehr intime Angelegenheiten: „Soll der Platz mehr für die Dusche oder die Sitzecke drauf gehen? Lieber eine Schlafempore oder einen zweiten Raum?" (dies., 2021, 16). Dem Firmeninhaber Christian Gehlhaar ist nicht nach großem Geschäft zumute. „Serienbauweise, Expandieren und einen Reibach machen, das lehnt er ab. Es gab Investoren, die viel Geld auf den Tisch legten und in seine Firma einsteigen wollten, er hat ohne Bedauern abgesagt" (dies., 15). Zu den Kunden gehört eine erfolgreiche Unternehmerin, ein junger Absolvent, ältere Leute, wo die Kinder aus dem Haus sind etc. Der Vorteil der Tiny-Häuser: Man kann mehr in das Leben investieren und man braucht weniger Zeit, um das sauber zu halten. Dann ist Zeit zum Erholen, zum Schwatz mit Freunden oder für ein Hobby da (vgl. dies., 2021, 16). Madeleine Krenzlin erkennt, dass sich „Tiny-House-Bewohner" gerne in Vereine, in die Gesellschaft einbrächten (vgl. Riester, 22.08.2021, 8) – „Sie brauchen ja Räume, um sich zu entfalten", so ihre Theorie. In Tiny-Häuser zieht man nicht einfach um – „es ist die Entscheidung für eine andere Lebensart. Für immer oder nur für einen bestimmten Lebensabschnitt" (Vogt, 2021, 16). Tiny-Häuser haben ökologische Vorteile. Sie betonieren keine Fläche zu, können sich mit Strom versorgen und können ohne Rückstände jederzeit wieder abgebaut werden (vgl. dies., 2021, 17).

6 Zyklisch leben

Zunächst einmal die Klärung eines Missverständnisses zum „zyklischen Leben" vorweg. Flaschen aus „100 Prozent Altplastik", Umkartons aus Altpapier und Verpackungen aus „zu 100 Prozent recyceltem Material" zu nutzen sind nicht der große Wurf für ein „zyklisches Leben". Wenn Verpackungen „energetisch verwertet" werden als Ersatzbrennstoff in Zement- oder Kraftwerken, dann ist das eine sehr „tragische" Form des Recyclings. „Wertvolle Ressourcen, aus Erdöl gewonnen und wiederverwendbar, lösen sich mit der Verbrennung in Luft auf. Das Altplastik ist förmlich im Himmel, das Klima belastet. Müllverbrennung ist kein Stoffkreislauf, sondern die Deponierung von Abgasen in der Atmosphäre" (Wermter/Hildesheim, 2021, 31). Unnötige Verpackungen werden nicht sinnvoller, wenn sie aus Recyclingmaterial bestehen. Recycling in minderwertige Produkte ist auch nicht der goldene Weg. Und es gibt beim Recycling immer einen Materialverlust – „auch der sortenreinste Kunststoff wird irgendwann spröde" (dies., 2021, 34). An oberster Stelle müsste die Vermeidung von Abfall stehen (vgl. dies., 2021, 33). Hier könnten die Unverpackt-Läden eine wichtige Rolle für die Zukunft spielen. Das setzt einen neuen Lebensstil voraus. So muss man für den Einkauf mehr „vorbereitet" sein und weniger „spontane Einkäufe" tätigen (vgl. dies., 2021, 34; als Hintergrundbericht zu Recycling und Plastikmüll vergleiche auch den Beitrag von Aude Vidal [Mai 2021]).

Zyklisch leben – d.h. zunächst ist es erst einmal wichtig das Zyklische der Natur/Umwelt zu teilen. Den Ernährungsplan den Jahreszeiten/der Saisonware anpassen, sich auf vorübergehende Jagdverbote und Fischereiverbote einlassen usw.

Dann gilt es Regenerationszyklen zu beachten, Kreisläufe der fortwährenden Erneuerung (vgl. Häuptling Oven Lyons, 2015, 15). Das ist beim „Buen Vivir" der indigenen Völker Boliviens zum Beispiel zu beobachten: „Die Indigenen lassen ihre Äcker für Jahre brachliegen, um die biologische Regenerierung des Bodens zu gewährleisten. Der Boden muss seine Fruchtbarkeit, die er vor Jahren hatte, wiederholen. Wir Menschen selbst müssen genügend Stunden schlafen, um wieder zu Kräften zu kommen" (Poma, 2018, 260).

Die Urzyklen des Wachstums sind in der DNA des Saatgutes enthalten. Deswegen sollte im Kampf um diese Zyklen ein Kampf gegen gentechnisch verändertes Saatgut stattfinden. Gleichzeitig sollte um einen breit aufgestellten (nicht manipulierten) Samenvorrat des Planeten gerungen werden. Die Samen haben sich an ihren Platz angepasst, deswegen gilt es sie zu bewahren, um die Urzyklen des Wachstums an verschiedenen Plätzen auf dem Planeten zu bewahren (vgl. Schwester Miriam im Interview [2015, 77f.]; s.a. Vandana Shiva, 2019).

Es gibt Biohöfe, die nahe an der „Circular Economy" dran sind, indem dem Hof nicht mehr entnommen wird, als er geben kann. So kommt das Futter von den eigenen Feldern. Auch wird zum Beispiel bevorzugt Kleegras an Rinder verfüttert, weil es bestens für den Magen der Rinder geeignet ist. Das hat wiederum zur Folge, dass der Kuhfladen wirklich guter Dünger für den Boden ist, weil er reich an Nährstoffen ist. Und aus dem Mist, der im Winter anfällt, wird natürlicher Dünger gemacht. Die Tiere müssen keine hochgezüchteten Rassen sein, um viel Milch oder viel Fleisch zu geben. Sie geben weniger Milch, sind dadurch weniger früh „am Ende", können aber dann auch noch Fleisch geben (vgl. Ladleif/Axmann-Rottler, 2021, 60–62).

Im zyklischen Leben wird die eigene Vergänglichkeit eingeplant. Den indigenen Völkern ist das mehr bewusst. Muruchi Poma schreibt hier (2018, 251): „Ich verstehe Torres so: Da die Erde ein lebendiger Raum (...) ist, kann jemand, der dort begraben wird, nicht als das Gegenteil vom Leben betrachtet werden. Der Tod ist die Fortsetzung einer anderen Form des Lebens, keinesfalls das Ende und steht schon gar nicht im Widerspruch zum Leben. Der Tod ist nicht Tod, sondern auch Leben. Anders ausgedrückt: Der biologische Mensch kommt nach seinem Tod in die biologische Mutter Erde, der tote Körper des Menschen nährt die Mutter Erde, um neue Pflanzen, also Leben, entstehen zu lassen".

Wer zyklisch lebt findet zum täglichen Gebet am Morgen und am Abend. Der Körper ist am Morgen und am Abend ein anderer, unter anderen auch deswegen, ob man sich aus Konflikten davongeschlichen hat oder Zivilcourage zeigte (vgl. zum Körper als Werkzeug der Lebensgeschichte in: Keil, 2006, 148–154). Das kann in das Gebet hineingenommen werden. Dank, Staunen, Empfangen usw. sind am Morgen und am Abend ganz verschiedenartige Erfahrungen. Das kann ebenfalls im Gebet aufgegriffen werden (vgl. zum Gebet bei: Mierzwa, 2021a, 245–247).

7 Gelassenheit[10]

Wenn über Gelassenheit gesprochen wird, dann erinnern sich viele des „Gelassenheitsgebetes" des US-amerikanischen Theologen Reinhold Niebuhr (1892–1971), entweder in der Kurzform oder in der Langform[11]. Ich zitiere die Langform:

> „Gott, gib mir die Gelassenheit, Dinge hinzunehmen,
> die ich nicht ändern kann,
> den Mut, Dinge zu ändern, die ich ändern kann,
> und die Weisheit, das eine vom anderen zu unterscheiden.
> Einen Tag nach dem anderen zu leben,
> einen Moment nach dem anderen zu genießen.
> Entbehrung als einen Weg zum Frieden zu akzeptieren.
> Diese sündige Welt anzunehmen, wie Jesus es tat,
> und nicht so, wie ich sie gern hätte.
> Zu vertrauen, dass du alles richtig machen wirst,
> wenn ich mich deinem Willen hingebe,
> sodass ich in diesem Leben ziemlich glücklich sein möge
> und mit dir im nächsten für immer überglücklich"
>
> (zitiert aus: Frerichs, 2021)

Die hier angesprochene Gelassenheit zeugt von einem gewissen Abstand zu den Dingen des Lebens und der Welt sowie den Ereignissen in der Gesellschaft und der Natur. Dabei ist der Beter nicht gleichgültig oder schottet sich von dem, was vor sich geht, ab. Er fragt sich aber, was ist aber tatsäch-

---

[10] Erweiterte Ausführungen aus Mierzwa, 2020, 9f.
[11] vgl. Friedrich, 2018, 96–97

lich dem Menschen möglich. „Er ruft auf zum Mut, die Dinge zu ändern, die in menschlichem Ermessen stehen" (Frerichs, 2021, 2)¹².

Gelassenheit und Gewaltlosigkeit gehören zusammen, das macht Ullrich Hahn deutlich (2020, 135): „Das Lassen macht uns nicht nur gelassen; es ist auch oftmals effektiver als das Tun. Ich kann vieles gleichzeitig lassen, sogar Tag und Nacht, aber nur wenige Dinge tun. Das Lassen ist wie ein Ausatmen; es gibt Gelassenheit für das notwendige Tun".

Ökologisches Handeln und Gelassenheit gehören ebenfalls zusammen, das macht der Förster Peter Wohlleben deutlich. In einem Interview im SPIEGEL (24.07.2021, 23) sagte er, dass wir für einen Neuanfang beim Ökosystem „nichts tun" müssen. „Abwarten. Der Wald kommt zurück, sofern wir ihn nur lassen. Wenn wir nicht alles mit der Raupe abschieben und umpflügen, wenn wir nicht überall Douglasien statt Fichten hinsetzen – dann müssen wir uns keine allzu großen Sorgen machen. Das Ökosystem ist nach wie vor stark und intakt". Auf die Frage, ob wir genug Zeit hätten,

---

[12] James H. Cone macht in seinem Buch „Kreuz und Lynchbaum" (2019, 81) auf die Schattenseiten von Reinhold Niebuhr's Gelassenheit aufmerksam. Er kritisiert mit den Worten von Martin Luther King Jr., dass der Rat Faulkner's bei dem Thema Rasse „langsam vorzugehen, einen Moment Pause zu machen" als „Beruhigungspille des Schrittweisen" zu bezeichnen sei. Cone schreibt mit den Worten von King: „Es ist wohl kaum eine moralische Tat, andere zu ermutigen, Unrecht geduldig zu akzeptieren, das man selbst nicht erdulden muss". Niebuhr's Gelassenheits-Gebet ist zwiespältig, wenn man weiß, dass er sich mehr mit moderaten Weißen im Süden (der USA R.M.) identifizierte als mit ihren schwarzen Opfern und dadurch ihr Leid nicht wirklich wie sein eigenes fühlen konnte (vgl. Cone, 2018, 81). Der Gelassenheits-„Aufruf!" von Niebuhr ist zwiespältig, wenn dem die Tatsache zugrunde liegt, dass jener zu sehr in den eigenen Schuhen gegangen ist, aber nicht in die Schuhe der Schwarzen stieg und so nicht begann die Welt in den Augen der Afroamerikaner zu sehen (vgl. Cone, 2018, 82). Cone's Ausführungen machen deutlich, dass Niebuhr's Gelassenheit vermutlich damit zusammenhing, weil ihm eventuell „das Herz, zu fühlen" fehlte, um sich dann so in die Schwarzen hineinversetzen zu können, als es ihn selbst träfe (vgl. Cone, 2019, 84). Das „Fehlen von Empathie mit dem Leiden der Schwarzen" hinderte ihn daran, „sich leidenschaftlich für Gerechtigkeit für Schwarze auszusprechen" (Cone, 2019, 86). Darüber hinaus zeigte Cone der Baldwin-Niebuhr Dialog, dass hier Niebuhr mit einer „Rationalität", „die kühlen Beobachtern eigen ist" sprach (105). Er brachte hier keine „Verrücktheit der Seele" zum Ausdruck, keinen prophetischen Zorn gegen das Lynchen (vgl. 105). Wenn es um schwarze Opfer geht, äußerte Niebuhr keinen Ärger über die Kirchen Amerikas (vgl. Cone, 2019, 106).

um abzuwarten, antwortet er: „Wenn man den Wald einfach machen lässt, geht es in der Regel schneller".[13]

Im brandenburgischen Landkreis Märkisch-Oderland kämpfte man gelassen gegen Corona.[14] Diese Erfahrung mit der Gelassenheit kann man mitnehmen in die Post-Corona-Zeit. Der Gelassenheit ist man in der „positiven Psychologie" auf der Spur.[15] In einem Schwerpunktheft von Publik Forum Extra zum Thema Gelassenheit stellt Harald Welzer fest, „dass negative Botschaften äußerst selten zu positiven und proaktiven Handlungsweisen führen" (2019, 26). Aber gelassen ein Bild von einer lebenswerten Stadt ohne Auto sich vorzustellen[16], also aus einer Gelassenheit heraus eine positive Utopie zu entwerfen, wird dazu führen, dass es auch zu einer Veränderung kommt, wird eine Entwicklung in der Gesellschaft in Bewegung gesetzt.[17] Das können wir mitnehmen für die Post-Corona-Zeit. Margot Käßmann (2019) formuliert in dem Schwerpunktheft zur Gelassenheit eine Balance und die Notwendigkeit einer ausgewogenen Gelassenheit. Zwar einmal einen Tag mit einer vollkommenen Pause: kein Handy, kein Fernsehen, kein Instagram – „zur Gelassenheit (braucht's R.M.) auch mal Stille, Ruhe" (34). Und nicht alles zum Thema lesen. Aber Klimawandel, Rüstungsproduktion, Krieg und Frieden drängen auch. Hier wäre zu viel Gelassenheit nicht gut.[18] Das kann auch für die Post-Corona-Zeit gelten. Aber man sollte aus einer Gelassenheit heraus sich dann fragen: Wo engagiere ich mich? Wo bin ich dran? Und wo muss ich mir eingestehen, dass ich hier jetzt nichts tun kann. Rahm stellt fest, dass es zur Gelassenheit beiträgt, „wenn man Zeit darauf verwendet, herauszufinden, was einem Freude macht und gut tut".[19] Das hatten viele Menschen nun unter der Corona-Krise, bemerkt Niko Paech.[20] Mit dieser Perspektive ist ein wertvoller Hinweis für ein ethisches Handeln in der Post-Corona-Zeit aufgetan. Mit Gelassenheit werden die unter der Corona-Krise durch Alarmismus und Apokalypsen verstörten Seelen

---

[13] SPIEGEL, 24.07.2021, 23
[14] Jakob/Meinert/Schmidt/Seifert (Text)/Wells (Fotos), 18./19.04.2020, 20–22
[15] vgl. Rahm, 2004
[16] vgl. 27
[17] vgl. 26
[18] vgl. 34
[19] dies., 2004, 48
[20] vgl. ders., 27.04.2020, 2

zurückfinden zu kleinen Schritten in die Zukunft, eingenordet in ein größeres Ganzes. Margot Käßmann bringt hier Gelassenheit mit Gottvertrauen in Verbindung[21].

Ein erstes großes Projekt der „Gelassenheit" ist nun der Modellversuch des Städtetages Tempo 30 in Städten zu etablieren[22].

---

[21] vgl. dies., 2019, 32)
[22] vgl. Hähnig, 15.07.2021, 23)

8 Salz sein

Salz ist ein Symbol dafür, dass Hoffnung aus der eigenen „Auflösung" entsteht, dass man aus dem eigenen „Verschwinden" die Zukunft entstehen lässt. Sich einzugestehen, Salz zu sein, d.h. sich einzugestehen, gewissermaßen zum-Tode-bestimmt-zu-sein. Aufgelöstes Salz, d.h. einen Geschmack davon zu haben, wie „Hoffnung oder Gerechtigkeit lebendig bleibt".

Salz sein, das bedeutet zunächst, für „Gotteswürze" zu sorgen. Das ist dann der Fall, wenn die göttliche Grammatik der Liebe, des Mitgefühls oder der Gerechtigkeit für das Menschliche an Bedeutung gewinnt bzw. in das menschliche Leben einsickert.

Salz sein, das bedeutet für einen „guten Geschmack des Lebens" zu sorgen, durch gerechten Lohn, durch gerechte Landwirtschaft oder durch das Feiern von Gemeinschaft bei Festen.

Salz zu sein, das bedeutet auch, nicht zu einem „faden Leben" zu werden. Dazu gehört, dass einen Dinge in der Gesellschaft immer noch stören oder ärgern oder wütend machen. Und daraufhin bedeutet es, ein „engagiertes" Leben nicht aufzugeben und nicht niederzusinken in Antriebslosigkeit, Depressivität, Mutlosigkeit und Hoffnungslosigkeit.[23]

Jeder (theologische) Gedanke ist fade, der nicht zu einer Praxis des Lebens wird, wo wir nicht die Verhältnisse auf Recht und Gerechtigkeit hin zurechtrücken.[24]

---

[23] vgl. Steffensky, 2006,47–52)
[24] siehe hier bei: Steffensky, 2012, 35

Zum „Salz sein" können auch Kontroversgespräche gehören, „die das Wissen der Gegner:innen auf die Probe stellen, um sie des Unwissens zu überführen".[25]

Salz steht für die nicht löschbare Sehnsucht nach „Geschmack im Leben" und so bedeutet „Salz-sein" darauf zu vertrauen, dass man die „Agape-Liebe" wirklich in der Gesellschaft verwirklichen kann, vollkommen realisieren kann und nicht nur „annähernd" an eine „göttliche Grammatik" in den Beziehungen der Menschen herankommt.

Salz sein – das bedeutet ein „verändertes Selbst", das weniger in einer „Gestalt" auszumachen ist, als in einer „veränderten Atmosphäre", in einem „veränderte Klima in den Beziehungen", einem „neuen Geschmack des Hoffens", in einem „geänderten Verhalten einer Gruppe".

---

[25] Standhartinger, 2021, 26

9 Small is beautiful

Überlegungen zur Postwachstumsökonomie kennen den Gedanken des Rückbaus des industriellen Komplexes und den Ausbau der lokalen Eigenarbeit.[26] Damit gerät das Leitbild „small is beautiful" in den Blick. Und für Überlegungen zu Transformationsprozessen wird propagiert: „Im Kleinen beginnen: ... ".[27] Und daran anschließend kann man aus der Ubuntu-Lebensphilosophie ergänzen: „Jede noch so kleine Tat kann gleich einer Lawine größere Taten nach sich ziehen" (Ngomane, 2019b, 219).[28] Auch wenn der Effekt einer kleinen Initiative, eines Handlungsimpulses zunächst nicht sichtbar ist, so lohnt es sich dennoch den „kleinen" Impuls, die „kleine" Initiative zu setzen, weil daraus etwas entstehen kann, weil irgendwelche Folgen sich ergeben können, weil es der Anfang eines einmal großen Ereignisses sein kann.[29] Ein Lächeln zur rechten Zeit kann eine Bewegung gegen Rassismus anstoßen. Die Erzählung von einer tapferen armen Frau voller Lebensmut und Lebensfreude kann eine Spendenlawine anstoßen/auslösen. Und es gehört auch die Erkenntnis dazu: „Steter Tropfen höhlt den Stein" (dies., 2019b, 231)[30].

So gibt es schon eine Kultur des „small is beautiful" – bei der Solidarischen Ökonomie – die weite Kreise zieht. „Die Solidarische Ökonomie wächst zum Teil mit der Strategie der Erdbeerpflanzen – wie es ein Vertreter der Sozialgenossenschaft SOLCO in Mantova (Italien) einmal erklärte:

---
[26] vgl. Paech, 2018, 118 und 119
[27] vgl. Kristof, 2020, 37f.
[28] „Every single tiny act can snowball into something bigger" (Original, 2019a, 197).
[29] vgl. dies., 2019b, 220f.
[30] „Every drop makes a difference, so decide today where your drop will land" (Original, 2019a, 208).

Wenn eine Erdbeerpflanze ausgewachsen ist, wird sie nicht größer, sondern sie bildet Ableger, neue Pflanzen, die bald ihrerseits Ableger bilden – bis sie den ganzen Hügel bedecken. Die Initiativen wollen nicht „groß werden", sondern sie vermehren sich und verbreiten ihre Erfahrung, ihr Wissen, ihre Methoden. Dadurch konzentriert sich nicht sämtliche Infrastruktur in den Städten, sondern Arbeitsplätze und Dienstleistungen werden breit verteilt und können Bedürfnisse vor Ort in der jeweiligen Region erfüllen" (Embshoff/Müller-Plantenberg/Giorgi, 26.07.2016).[31]

Der Beitrag von Evelyn Rottengatter auf der Grundlage von Ausführungen von Vandana Shiva (15.06.2021) zeigt auf, dass vor allem Kleinbauern und Familienbetriebe 70% aller weltweit produzierten Nahrungsmittel erzeugen.[32] Eine Mikrofarm in der Normandie, die nicht nur nach dem Prinzip der Permakultur arbeitet, sondern auch Mikroorganismen zu ihrem Recht kommen lässt[33], hat auf der Fläche eines Fußballfeldes Erträge, um 100 Personen über das ganze Jahr ernähren zu können. Es wird kein fossiler Treibstoff eingesetzt. Der Boden ist viel fruchtbarer im Vergleich

---

[31] Das Bild von den Erdbeerpflanzen scheint mir ein gutes Bild für die Zukunft des Christentums zu sein. Als Kirche erscheint mir das Christentum ein Konstruktionsfehler zu sein. Die Basisgemeinden leben es vor, zum Beispiel in Hamburg, Erfurt oder Wulfshagenerhütten. Sie sind wie Erdbeerpflanzen des Christentums, die Ableger des Christentums gebildet haben. Sie haben ein spezifisches regionales Profil, wollen nicht größer werden und verbreiten ihr Wissen. Und wenn eine Basisgemeinde „untergeht" ist nicht das Christentum gefährdet. Das Christentum wird das Organisationsprinzip Kirche mit seinen hierarchischen Strukturen und dem Systemcharakter aufgeben müssen. Viel Aufwand in dem als Kirche organisierten Christentum fließt in den Systemerhalt. Daneben kommt es zu so negativen Auswüchsen, dass das Handeln von Christen und Anderen danach beurteilt wird, ob es zum Systemerhalt beiträgt, ob im Interesse des Systems gehandelt wird. Darunter leidet zuweilen die Botschaft des Christentums. Es wird zuweilen höchst unethisch und machtbewusst sich verhalten und es wird manchmal keine Opfersolidarität ausgeübt, um das System Kirche zu stabilisieren und Ämter nicht zu gefährden. Die Basisgemeinden haben viel Wertvolles zu bieten, das im kirchlich organisierten Christentum eine Fehlstelle oder Mangel ist. Sie sind auf weiten Stellen weiter und viel innovativer bei der ökologischen Frage. Sie leben stärker basisdemokratisch und sind sensibel für versteckte Machtstrukturen. Sie sind weniger verclubt als gar manche Kirchengemeinde oder christliche Gemeinschaft. Sie weisen mehr Ähnlichkeit mit dem „Armutsideal" des Christentums auf. Das Priestertum aller ist dort mehr Realität.
[32] vgl. Benedikt Härlin im Interview in: Kriener, 2020, 204ff.
[33] vergl. Sieg/Egbert, 2019, 58

zu anderen Böden. Erträge und Fruchtbarkeit des Bodens liegen weit über denen konventioneller Betriebe.

Und dann gibt es Dorfläden, die genossenschaftlich organisiert sind, wie im kleinen Waal, die „sind auf die schwarze Null ausgerichtet" – also nicht gewinnorientiert. Von anderen „Tante-Emma-Läden" wird berichtet, dass sie „analog" sind, keinen Computer kennen, die Preisschilder handgeschrieben sind, wie bei dem von Marika Maisch in Fürth. Die „Tante-Emma-Läden" werden geschätzt, weil sie persönlich sind, mehr Nähe kennen. Es ist hier nicht das Gestresste, Gehetzte, Anonyme des Supermarktes.[34]

Eine „strukturelle Entscheidung" für eine „kleine Wohnung" und gegen ein „frei stehendes Einfamilienhaus" (oder ähnliches) hat Auswirkungen für einen nachhaltigen Lebensstil: Weniger Energieverbrauch, weniger Materialverbrauch zum Bau des Hauses, weniger Flächenversiegelung usw. Darüber hinaus besteht in geringem Umfang die Notwendigkeit Zeit für die Pflege der Immobilie aufzuwenden – Zeit, die man für ein Solidaritätsengagement hat, für die Pflege von Beziehungen/Gemeinschaft, Zeit für den Aufbau einer gemeinwohlorientierten Infrastruktur usw.[35]

„Small is beautiful" hat aber auch auf ganz andere Weise seine Bedeutung. Insektenschutz bedeutet die „Pyramide des Lebens" intakt zu halten (siehe bei: Wilson, 2016).[36] „Ohne die Bestäubungsleistung von Insekten würde uns die Nahrung ausgehen", schreibt Renate Lützkendorf (2021, 23). Und wenn wir uns nicht dafür einsetzen, den Apollofalter zu schützen, können wir nicht bei Herrn Bolsonaro anklopfen wegen dem Schutz des Regenwaldes im Amazonas-Gebiet.[37]

Ein weiteres wichtiges Thema ist es, wenn wir über „small is beautiful" nachdenken, auch ein Bewusstsein für die Aufwertung von Kinderrechten zu haben und ein Bewusstsein dafür haben, dass man das Kindeswohl nur

---

[34] vgl. Baur, 01.03.2021, 4
[35] vgl. Vogt, 2021; vgl. auch Beispiele in der Zeitschrift „oya" Mai bis Juni 2020; vgl. auch Fuhrhop, 2020, 125 und Hinweise zu Einflussfaktoren, warum „größere" Wohnungen/Häuser entstehen
[36] Siehe aber auch die kritische Buchbesprechung von Swen Schulte Eickholt unter: https://literaturkritik.de
[37] vgl. Adi Geyer in: Knobloch, 5./6.06.2021, 3

dann ermitteln kann, wenn man die Kinder einbezieht: „Kinder müssen gefragt, ihre Meinung muss berücksichtigt werden", so Wolfgang Janisch.[38] Deswegen gibt es auch Kindergärten, wo Kinder zum Beispiel auch bei Vorstellungsgesprächen dabei sein dürfen, in eine basisdemokratische Arbeitsweise eingebunden sind und wo es ein partizipatives Beschwerdemanagement gibt.[39] Ein Grundrecht auf Kinderbeteiligung wäre ein großer Schritt nach vorne, weil bei Behörden, die über das Schicksal von Kindern entscheiden, die Meinung von Kindern dann ein größeres Gewicht hätte.[40] Kinder, die vermehrt die Erfahrung von „Selbstwirksamkeit" machen, entwickeln eine größere Widerstandskraft. Man muss sehen, dass „Kinder (...) eigenständige Personen (sind R.M.)" und so auch behandelt werden sollten, so Negin Moghiseh (21.06.2021). Kinder sind wichtig; sie „sind nicht etwa kleine Erwachsene, sondern (...) haben ganz spezifische Verletzlichkeiten".[41] Und so zeigte die Corona-Krise, dass hier noch vieles im Argen ist.[42] Greta Thunberg und die von ihr angestoßene Fridays for Future-Bewegung zeigte aber auch, was alles durch die Initiative von Kindern und Jugendlichen möglich ist.

„Small is beautifull" kann auch eine spirituelle Orientierung sein, wie bei den „Kleinen Schwestern Jesu". Es drückt sich zum Beispiel darin aus wie der Sauerteig zu sein. „Es bedeutet für die kleinen Schwestern, in den Fabriken und Werkstätten zu arbeiten und sich unter die Arbeiterklasse zu mischen als ‚Arbeiterin unter Arbeitern', als ‚Araberin unter Arabern', als ‚Nomadin unter Nomaden' (...)".[43] Das soll sich auf der gleichen Stufe von Arbeiterinnen vollziehen, „ohne Überlegenheit, ohne Privilegien"[44]; mit einer „stillen Ausstrahlung" soll man den Arbeitern und Arbeiterinnen Bruder und Schwester sein.[45] „Sauerteig zu sein hat weitreichende Konsequenzen, die oft quer stehen zur eigenen Herkunft, vielleicht sogar einen

---

[38] vgl. 29./30.05.2021, 47
[39] vgl. Becker/Damerow, 2021, 18–21
[40] vgl. Janisch, 29./30.05.2021, 47
[41] Moghiseh, 21.06.2021
[42] vgl. Rattenhuber, 3.09.2020; Klaar, 5.08.2021
[43] Daiker, 1999, 134
[44] dies., 1999, 137
[45] vgl. dies., 137

Bruch dazu bedeuten".[46] Du musst alles aufgeben: „Familie, Schichtzugehörigkeit, Sprache, Gewohnheiten, Denkweise, alles, was dir lieb ist und woran du mit allen Fasern deines Wesens hängst. Du wirst Familie und Heimat derer annehmen, zu denen du gesandt bist – ihre Sprache, Gewohnheit, Denkweise sollen zu deinen eigenen werden, so verschieden sie auch von deiner bisherigen sein mögen".[47] „Es geht darum, so sehr mit den Menschen verbunden zu sein, daß es nicht mehr möglich ist, als Außenstehende zu urteilen" (dies.).

Abschließend sei noch anzumerken, dass vor allem diejenigen Menschen einen Sinn für das „Small is beautifull" entwickeln, die sich eine Fähigkeit zum Staunen bewahren. Es ist ja in diesem Zusammenhang der beeindruckende Hinweis bedeutsam, dass Kinder vor allem das „Staunen" leben.[48] Das „Staunen" ist der Anfang der Entdeckung des „Kleinen", weil man sich von dem „Kleinen" überraschen lässt. Viele Menschen sehen das „Kleine", aber weil sie nicht staunen können kommen sie nicht dazu zu sagen: „Small is beautifull".[49]

---

[46] dies., 1999, 135
[47] dies., 1999, 135
[48] vgl. Schrader, 5.11.2010
[49] siehe hier bei Fromm, 2000/2017, 147

10 Zellen der „Freundlichkeit"

Nachfolgend möchte ich aus der „Beziehungsatmosphäre" der Offenen Arbeit (Erfurt) berichten, die in guter Weise vorlebt, wie in Keimzellen „guten Lebens" Zusammenleben gestaltet wird.

Die „Offene Arbeit" ist ein ziemlich gut gelungener Versuch, wo Menschen aufgefangen werden, ohne sie fallen zu lassen. Hier wird die Sehnsucht nach Ehrlichkeit und Offenheit im Umgang miteinander sehr stark gestillt. In Feinfühligkeit wird auf die persönliche Suche nach den Möglichkeiten der eigenen Verwirklichung und der Suche nach dem Sinn des Lebens eingegangen.[50] Viele Menschen können hier „Vertrauen wagen" und auch „Kraft schöpfen" – z.B. bei Festen, bei den „Werkstätten" oder auch gemeinsamen Andachten.[51] Man lernt hier „Andersdenkende" zu hören und zu akzeptieren.[52] Menschen, die eine Zeit lang mit der Offenen Arbeit „mitgegangen" sind, sind selbstbewusster geworden.[53] In der Offenen Arbeit gibt es viele Menschen, „die sich ernsthaft mit den Problemen anderer beschäftigen, ohne auf einen eigenen Vorteil aus zu sein" und die vorbehaltlos für andere tätig sind.[54]. Mit dem Zusammenleben in der Offenen Arbeit fassen Menschen für ihr Leben Mut und fühlen sich die Menschen weniger allein.[55] Menschen sind gerne in der OA, weil sie geachtet werden.[56] Vor allem Frauen finden hier die Frauengruppe gut: Hier ist die Sprachkultur auch eine andere. Hier zählte nicht, am längsten und am lautesten

---

[50] vgl. Schiller/Nöthling, 1991, 62
[51] vgl. Kerstin Winkelmann im Interview [1991, 66]
[52] dies., 66
[53] vgl. dies., 66
[54] vgl. Hartmann, 1991, 67
[55] vgl. dies., 1991, 67
[56] vgl. Martha Albrecht im Interview, 1991, 70f.

und mit dem extrovertiertesten Sprachvolumen zu reden/zu sprechen.[57] Zu den Kreativangeboten, die besonders für Frauen sind, meint Kerstin zu bemerken: Auch das Miteinander, die gegenseitige Achtung, die gegenseitige Beratung ist wichtig. Hier steht das diskursive Gespräch nicht im Vordergrund. Hier besteht ein wohlwollendes Füreinander.[58] Aber es ist schade, dass frauenspezifische Themen in der OA keine Rolle spielen, auch weil sie zu wenig von Frauen eingebracht werden und sie sich zu wenig dafür einsetzen.[59] Das Leben ist in der Offenen Arbeit für manche deswegen gut, weil es intensiver ist.[60] „In der Offenen Arbeit ist eigentlich auch alles enthalten, Geselligkeit, Freundlichkeit und Aufmerksamkeit" (dies., 1991, 72). „In der Offenen Arbeit gefiel mir sehr, daß man dort einfach dasein konnte und die Möglichkeit hatte, sich mit Freunden zu treffen".[61] Es gefällt Menschen an der Offenen Arbeit die Religiosität – ohne fromme Sprüche.[62] Andere sagen dann auch: „Es werden keine frommen Sprüche geklopft, sondern miteinander gesucht, geteilt, gefunden, getrauert, gefeiert..., eben miteinander gelebt".[63] Mit der Offenen Arbeit finden die Menschen in eine Lebendigkeit hinein. Die Offene Arbeit, ermöglicht es gut Gemeinschaft zu finden, man muss aber auch selbst etwas machen: zuhören, mitmachen, fragen, mittragen und ehrliche Anteilnahme zeigen.[64] Einige hatten das Gefühl, wenn man in die Offene Arbeit kam, dass eine unausgesprochene Aufforderung an der Tür stand: „Verkleidung am Eingang abgeben!"[65] Und es gehört auch zur „Gemeinschaft" der Offenen Arbeit, dass man wie „Walter" sich für andere aufreibt, ohne Gegenleistungen zu erwarten.[66] Fast familiäre Kontakte waren hier zur Zeit der DDR (in Braunsdorf) möglich – diese ermöglichten es „innerlich zu überleben". Sie waren notwendig, fast

---

[57] vgl. bei: Lützkendorf, 2014, 173
[58] vgl. in: Lützkendorf, 2014, 175
[59] vgl. bei: Lützkendorf, 2014, 173
[60] vgl. Martha Albrecht im Interview, 1991, 71
[61] Petra Elis im Gespräch, 1991, 73
[62] vgl. dies., 1991, 74
[63] B. Burghardt, 1991, 79
[64] vgl. B. Burghardt, 1991, 79
[65] Reichwald, 1991, 170
[66] vgl. ders., 1991, 170

wie das tägliche Brot.⁶⁷ In Braunsdorf wurden „verrückte Ideen" gesponnen, die dann irgendwie doch nicht verrückt waren.⁶⁸ Hier wurde und wird Beziehung gelebt, als Gegengift, um nicht in die Sackgassen der Konsumgesellschaft, der medialen Manipulation und der Unterhaltungsindustrie zu geraten.

Aus kritischen Anmerkungen zum Leben der Offenen Arbeit kann/konnte man sich positive Träume vorstellen, was dem Gemeinschaftsleben noch gut getan hätte. Es wurde kritisiert, dass es Vielredner an Themenabenden gab, dass es ins Wort gefallen wurde, dass FRAU häufig zu stumm war⁶⁹; mittlerweile scheint die Dominanz der „Vielredner" und „Alleswisser" der Vergangenheit anzugehören.⁷⁰ Es wurde als Problem angesehen, dass in der Offenen Arbeit vorwiegend nur von den jungen Leuten das formuliert wurde, was man nicht wollte und verabscheute und man eine so starke Negativposition gegen alles Bestehende im allgemeinen und die Kirche im besonderen bezog.⁷¹ Später beklagten sich Frauen, dass es zwar den von Frauen herbeigesehnten Tanzabend gab, „dass (aber R.M.) vorn zum Teil manchmal wirklich nur Gaffer saßen, die einen die ganze Zeit angeglotzt haben".⁷²

Die Offene Arbeit kennt altersspezifische und intergenerative Angebote. Die vielfältigen Angebote sind niedrigschwellig, d.h. möglichst gebührenfrei, zentral, regelmäßig. „Ausgrenzung aufgrund von persönlicher Besonderheit, wirtschaftlicher Leistungsfähigkeit, Kultur oder Religion wird vermieden ... ".⁷³ Es wird die Vielfalt und die Einzigartigkeit jedes einzelnen Menschen als Chance gesehen; es werden Entfaltungsräume für individuelle Bedürfnisse und Besonderheiten angeboten.⁷⁴ „Dies entspricht einer Pädagogik der Vielfalt, die eine emanzipatorische und gleichberechtigte Gemeinschaft fördert, in der der Umgang von Werten wie Gleichheit, Recht, Teilhabe, Vertrauen, Respekt vor Vielfalt, Liebe, Nachhaltig-

---

⁶⁷ vgl. Mempel, 1091, 175
⁶⁸ vgl. Mempel, 1991, 176
⁶⁹ vgl. Sedl, 1991
⁷⁰ vgl. bei: Lützkendorf, 2014, 173
⁷¹ vgl. Pfarrer Sydow bei: Truckenbrodt, 1991, 181
⁷² vgl. bei: Lützkendorf, 2014, 172
⁷³ Brückner, 2014, 163
⁷⁴ vgl. dies., 2014, 163

keit und Gewaltfreiheit geprägt ist".[75] „Menschen jeden Alters unterschiedlichste(r R.M.) Fähigkeiten werden als Teil des Ganzen gewürdigt. Durch die Übernahme von Verantwortungen werden Identitätsbildung und spezifische Schlüsselkompetenzen gefördert".[76]

Das basisdemokratische Element ist auch Ausdruck einer „freundlichen Zelle". Man kann, zum Beispiel im Vorbereitungskreis, seine Meinung sagen, sie wird gehört und dann auch eventuell darüber gesprochen. Eigentlich erfolgt hier keine Abwertung der Meinung. „Jeder und jede kann teilnehmen und hat das gleiche Recht, Anliegen vorzubringen und zur Entscheidung zu bringen bzw. bei Absprachen und Entscheidungen mitzuwirken".[77] „Wichtig ist, dass die Mitarbeit und Entscheidungen achtsam und verantwortungsvoll getroffen werden".[78] Aber Renate Lützkendorf sieht noch eine gewisse Hierarchie, auch wenn im Vorbereitungskreis sehr viel stärker darauf geachtet wird, dass man ausredet. Aber daneben ist zu erkennen, dass Beiträge und Meinungen der Leute, die sich beteiligen, unterschiedlich gewertet werden.[79] Die Basisdemokratie könnte noch dazugewinnen, wenn nicht vorwiegend die Hauptamtlichen die Gesprächsleitung oder das Schreiben des Protokolls in den Händen halten.[80] Das Konsensprinzip funktioniert weitgehend bei Entscheidungen. Aber etwas „mehr" Basisdemokratie könnte den Entscheidungs- und Organisationsprozessen gut tun. Hier hat sich das Gewicht auf die Seite der hauptamtlichen Mitarbeiter*innen verlagert. „Ideen werden im MitarbeiterInnenteam beraten und als Vorschläge in die Entscheidungsprozesse der Offenen Arbeit gebracht. Diese Vorschläge sind gut vorbereitet. Deshalb entsteht der Eindruck bei jenen, die nicht daran beteiligt waren, die hauptamtlichen MitarbeiterInnen hätten bereits schon alles entschieden. Oft wird diesen Vorschlägen zugestimmt oder bestenfalls zögerlich nachgefragt. Eine argumentative Auseinandersetzung wäre hierbei wünschenswert".[81]

---

[75] dies., 2014, 163
[76] dies., 2014, 164
[77] Weiß, 2014, 112
[78] ders., 2014, 112
[79] vgl. in: Weiß, 2014, 112
[80] vgl. Weiß, 2014, 113
[81] Weiß, 2014, 114

Aus der Außenperspektive wird an den Menschen, die in der Offenen Arbeit Erfurt tätig sind, geschätzt, dass sie etwas „der Gleichförmigkeit des Denkens und dem Prinzip der einfachen Antworten" entgegensetzen. Es findet ein „Hinterfragen von vermeintlichen politischen und ökonomischen Notwendigkeiten in der Diskussion und im Austausch" statt.[82] Dabei wird „niemand (...) zurückgelassen". „Jeder und jede wird mitgenommen, ob fromm oder nicht, ob behindert oder nicht, ob jung oder alt, ob kritisch oder IM, ob Ost oder West – wichtig ist der Mensch, wie er ist".[83]

Mit diesem Profil ihres „Daseins" trägt die Offene Arbeit Erfurt zur Resilienz von Menschen in der Gesellschaft bei. Sie ist ein Beitrag zur resilienten Gesellschaft[84]. Dabei gehen von der Offenen Arbeit Erfurt nicht nur Impulse zur Optimierung der Fähigkeiten aus, mit Krisen umzugehen, es wird von den Aktiven auch daran gearbeitet, dass Krisenfaktoren beseitigt werden.[85] Wenn bestimmte Situationen wie Kriege, Flucht, klimabedingte Katastrophen usw. selbst von höchst resilienten Menschen nicht ohne weiteres bewältigt werden können[86], dann treten die Aktiven der Offenen Arbeit dafür ein, dass Gesellschaft und Politik eine Verantwortung dafür haben, dass nicht im Übermaß nach Resilienzinterventionen gerufen werden muss. Da Resilienz nicht ohne tragfähige soziale Beziehungen und soziale Netzwerke zu haben ist, ist die Offene Arbeit hierfür ein wichtiges Bindeglied. Hier findet sich eine Balance von in rechter Weise angebotener Hilfe, damit Menschen nicht denken, sie könnten das Problem nicht selbst lösen. Man findet hier zugewandte und verlässliche Freundschaften.[87] Von den Aktiven der offenen Arbeit wird viel dazu beigetragen, damit eine kognitive Flexibilität bei den Menschen/Gästen entsteht; sie leisten einen Beitrag, damit bei Gästen/Besuchern/Freunden*innen starre Denkmuster ver-

---

[82] Dittes, 2014, 185
[83] Goetz, 2014, 191
[84] Die Ausführungen zur Resilienz basieren auf dem Buch von Donya Gilan/Isabella Helmreich (mit Omar Hahad): Resilienz – die Kunst der Widerstandskraft. Was die Wissenschaft dazu sagt, Freiburg im Breisgau 2021. Die Seitenangaben in diesem Abschnitt beziehen sich auf grundsätzliche Ausführungen in dem Buch.
[85] vgl. 180ff.
[86] vgl. 179
[87] vgl. 145, 147

mieden werden.[88] Nicht zu übersehen ist eine gewisse optimistische Grundhaltung bei den Aktiven der Offenen Arbeit Erfurt. Viele Aktive sind realistische Optimisten und gehen mit aktivem Coping an die Bewältigung von Herausforderungen heran.[89] Die Akteure in der Offenen Arbeit Erfurt glauben durch aktives Bewältigungsverhalten, eine Situation schneller beenden oder verlassen zu können.[90] Wenn Gilan/Helmreich und Hahad (2021, 151) schreiben – „resiliente Menschen schaffen es, einen Blick für die schönen kleinen Dinge des Lebens zu haben, also für eine schöne Blume am Wegesrand, das Lächeln eines anderen Menschen oder den Gesang der Vögel", dann findet man diese Menschen vorzüglich auch bei der Offenen Arbeit Erfurt. Ihre Art und Weise der Religiosität ist positiv, man spürt kein Hadern mit Gott. Und: Sie arbeiten zwar „theoretisch" fundiert, aber die Resilienz der Aktiven ist gewachsen durch ganz viel Praxis; sie wissen, dass man nicht ausschließlich über das Lesen von Büchern zur Resilienz findet (vgl. 159).

---

[88] vgl. 147
[89] vgl. 143
[90] vgl. 141

11 Über das richtige Verhältnis zu Geboten/Verboten

Aus einer Kritik von Religionsvertretern an einer Inseratskampagne der Initiative Soziale Marktwirtschaft (INSM) gegen die Kanzlerkandidatin Annalena Baerbock wird deutlich, dass Lobbyverbände der „Wirtschaft" ein „Zerrbild" von gängelnden Verboten zeichnen[91]. Und die 10 Gebote von Moses seien missverstanden, wenn man sagt Verbote hätten noch nie ins gelobte Land geführt. Der Präses der Evangelischen Kirche im Rheinland, Thorsten Latzel kritisiert: „Von der Freiheit, um die es in den Zehn Geboten geht, haben die Verantwortlichen offensichtlich nichts verstanden – oder wollen es nicht verstehen". Traugott Jähnichen, Professor an der Universität Bochum, meint sogar hinter diesem Zeichnen des Zerrbildes über Verbote/Gebote ein Zeichen für Antisemitismus zu lesen.[92] Nina Noblé, Sprecherin von „Berlin autofrei", betrachtet es als problematisches „Framing" im Diskurs, wenn dort immer von „Verboten" und einer „Verbotspolitik" gesprochen wird, wo mehr Regeln im Interesse der Allgemeinheit notwendig wären und Städte zukünftig lebenswert gestaltet werden sollten. Und sie vermutet im dem Wettern gegen „Verbote (?!)", dass in der Stadt nicht

---

[91] Auch Philipp Amthor von der CDU scheint hier ähnlich zu liegen, wenn er davon spricht, dass die Freiheit offenbar keine Konjunktur hat und der „dirigistische Staat" zum Gewinner im politischen Streit wird. Er spricht bei dem Gebrauch von „Verboten (?!)" von einem „ideologischen Kampf gegen die ‚bösen Vermieter' " bzw. einem „ideologischen Kampf gegen die ‚bösen Verbrennermotoren' " (DIE ZEIT, 15.07.2021, 10).

[92] vgl. Evangelische Zeitung für Schleswig-Holstein Nr. 25/20.06.2021, 7; zu den 10 Geboten vgl. auch Mierzwa, 2021a, 36–39; zur medienkritischen Einordnung der Kampagne vergleiche René Martens [19.06.2021, 2]

weiterhin das Gesetz des Stärkeren und der Reichen gelten darf (vgl. DIE ZEIT 15.07.2021, 10)[93].

Gebote/Verbote haben dort ihren Sinn, um die Freiheit möglichst aller Menschen zu gewährleisten, um Gerechtigkeit walten zu lassen oder um das Überleben möglichst vieler sicherzustellen:

- Schon 2020[94] formulierte ich die Notwendigkeit, dass wenn man die Menschenrechte radikal zu Ende denkt, dass es Energiekontingente, Fleischkontingente, Flugkontingente, Auto-Kilometerkontingente etc. geben müsste. Nun bringt Ulrike Herrmann, taz-Finanzexpertin, angesichts knapper Güter Rationierung ins Gespräch – denn das sorgt für „absolute Gerechtigkeit" „alle bekommen gleich viel". Da wir hart an die Grenzen des Planeten stoßen müssen wir schrumpfen. Und die Reichen dürfen durch Kaufkraft keinen privilegierten Zugriff zu Gütern haben. Sie hat nicht nur Wasser da im Blick – „für mich ist alles knapp".[95] Auch Nina Noblé, Sprecherin von „Berlin autofrei", will pro Person ein sehr reduziertes Budget von sechs bis zwölf Fahrten im Jahr zugestehen, weil das Auto überwiegend Schäden anrichtet und den Lebensstil anderer Menschen massiv einschränkt.[96]
- Während der Corona-Krise wurde über das richtige Verhältnis von Geboten/Verboten gestritten. Dort wo mit Geboten/Verboten „autoritär"[97] gehandelt wurde, gerieten diese in die Kritik, ja beförderten sie Querdenker*innen zum Teil mit einem Hang zu Verschwörungstheorien. Aber die Diskussion zu Corona zeigt auf, dass es ein unausgeschöpftes Feld von Geboten/Verboten gibt, weil Übergewicht der größte Risikofaktor für eine schwere Corona-Erkrankung ist. Es wurde deutlich, dass ein Kampf gegen das Übergewicht effektiver gegen eine schwere Corona-Erkrankung ist, als ein Lockdown. Hier stellt sich die Frage nach den richtigen Geboten/Verboten. Die Lebensmittelindustrie ist in vielen Ländern höchst aktiv, um „harte" Gesetze gegen zuckerige und zu fetti-

---

[93]) Um welche Art von Freiheit es im Religionslosen Christentum gehen kann, dafür legt Michael Welker bedenkenswerte gedankliche Spuren (vgl. 2021, 63–79).
[94] Mierzwa, 2020c, 242
[95] vgl. taz 30.07.2021, 5
[96] vgl. DIE ZEIT, 15.07.2021, 10
[97] vgl. Mierzwa, 2021c, 322

ge Zutaten zu verhindern. Es wird zu wenig gegen hochverarbeitete Lebensmittel (ultraprocessed food) vorgegangen – hier verdienen die Händler besonders viel. „Die Lebensmittelindustrie, so bekräftigt die Lobbyismus-Expertin Lauber in ihrer Studie, beeinflusst systematisch Regierungen und die WHO, um Gesetze und Empfehlungen zu verhindern, die verarbeitete Nahrungsmittel teurer oder unattraktiver werden lassen".[98] Auch in Deutschland will sich die Regierung nicht direkt mit der Lebensmittelindustrie anlegen – zum Beispiel daran deutlich werdend, dass eine Zuckersteuer von der Ernährungsministerin abgelehnt wird. Mut zum Gebot/Verbot an der richtigen Stelle wäre hier zu empfehlen.
- Und manchmal wird vor Geboten/Verboten ausgewichen, weil wie bei der Digitalisierung (in der evangelischen Kirche) ein „Tanz ums Goldene Kalb" stattfindet. Jürgen Salzmann schreibt: „Problemen und Gefahren (...) weicht man (damit R.M.) lieber aus, irgendwie erscheint Hoffnung auf eine segensreiche Wirkung der Digitalisierung alternativlos".[99] Schon 2020[100] habe ich mit Maja Göpels grundsätzlichen Standpunkt[101] zu einer „Ordnungspolitik des Verzichts" auf die Notwendigkeit einer digitalen Sparsamkeit hingewiesen, auch wegen dem großen Stromverbrauch, dem Ressourcenverbrauch (u.a. in Verbindung mit Konfliktrohstoffen) und anderer Problemkonstellationen, die mit der Digitalisierung verbunden sind.
- Urteile gegen die Kleinwaffenhersteller Heckler&Koch und Sig Sauer wegen illegalen Waffenhandel zeigen, aber ganz grundsätzlich gilt: Waffen töten, ob legal oder illegal, dass „ein strenges Rüstungsexportkontrollgesetz inklusive einem Kleinwaffenexportverbot (...) mehr als überfällig" ist, so Charlotte Kehne von „Ohne Rüstung leben".[102]

---

[98] Joeres, 15.07.2021, 32
[99] vgl. **zeit**zeichen 4/2021, 41
[100] vgl. Mierzwa, 2020b, 112
[101] vgl. 2020, 22
[102] vgl. dies., 2021, 6

12 Literaturverzeichnis

ACOSTA, Alberto/BRAND, Ulrich: Radikale Alternativen. Warum man den Kapitalismus nur mit vereinten Kräften überwinden kann, München 2017
ALBRECHT, Martha (im Interview mit Ilona Schilling/Carsten Nöthling): Das Leben ist auf der Straße, Seite 67–72 in: OFFENE ARBEIT (Hg.), 1991
AMTHOR, Philipp/NOBLÉ, Nina (im Gespräch): Geht es nur mit Verboten?, Seite 10 in: DIE ZEIT 15.07.2021
ARENS, Edmund (Hg.): Gottesrede – Glaubenspraxis. Perspektiven theologischer Handlungstheorie, Darmstadt 1994
AUHAGEN, Ann Elisabeth (Hg.): Positive Psychologie. Anleitung zum „besseren" Leben, Basel 2004
BAUR, Dominik: Tante Emma ist unsterblich, Seite 4 in: taz 01.03.2021
BECKER, Maximilian/REINICKE, Mathilda (Hg.): Anders wachsen! Von der Krise der kapitalistischen Wachstumsgesellschaft und Ansätzen einer Transformation, München 2018
BECKER, Sandy/DAMEROW, Maria (im Interview mit Birgit Vogt): „Hast du auch Muckis?" Wenn die Kids mitbestimmen – Impressionen von . . . ., Seite 18–21 in: Brücke. Erste Erfurter Strassenzeitung Nr. 117/2021
BERRY, Thomas: Die Welt des Staunens, Seite 21–28 in: VAUGHAN-LEE (Hg.), 2015
BROKOW-LOGA, Anton/ECKARDT, Frank (Hg.): Postwachstumsstadt. Konturen einer solidarischen Stadtpolitik, München 2020
BRÜCKNER, Kerstin: „Ich habe heute Glück gehabt", Seite 163–165 in: BUCHGRUPPE OFFENE ARBEIT (Hg.), 2014
BUCHGRUPPE OFFENE ARBEIT (Hg.): Alles verändert sich, wenn wir es verändern. Die Offene Arbeit Erfurt im Wandel der Zeiten (1979–2014), Freiburg im Breisgau 2014
BURGHARDT, Barbara: Lebensläufe, Seite 78–80 in: OFFENE ARBEIT (Hg.), 1991
COENEN-MARX, Cornelia: Aufbrüche in Umbrüchen. Christsein und Kirche in der Transformation, Göttingen 2017

CONE, James H. (mit einem Vorwort von Jürgen Moltmann) (aus dem Englischen von Ursula Sieg): Kreuz und Lynchbaum, Kiel 2019

CSIKSZENTMIHALYI, Mihaly (aus dem Amerikanischen von Ulrike Stopfel): Flow im Beruf. Das Geheimnis des Glücks am Arbeitsplatz, Stuttgart 2014

DAIKER, Angela: Über Grenzen geführt. Leben und Spiritualität der Kleinen Schwester Magdeleine, Ostfildern 1999

DALAI LAMA (aus dem amerikanischen Englisch von Bernardin Schellenberger): Das Herz der Religionen. Gemeinsamkeiten entdecken und verstehen, Freiburg im Breisgau 2012

DITTES, Steffen: Wider die Gleichförmigkeit des Denkens, Seite 183–185 in: BUCHGRUPPE OFFENE ARBEIT (Hg.), 2014

DUCHROW, Ulrich: Gieriges Geld. Auswege aus der Kapitalismusfalle. Befreiungstheologische Perspektiven, München 2013 bzw. unter: http://ulrich-duchrow.de/wp-content/uploads/2017/02/0000-Buch-Gieriges-Geld-komplett-9783466370696.pdf abgerufen am 11.10.2019

DERS./NESSAN, Craig (Hg./Eds.): Befreiung von Gewalt zum Leben in Frieden. Liberation from Violence for Life in Peace (Die Reformation radikalisieren. Radicalizing Reformation Bd./Vol. 4), Berlin 2015

ELIS, Petra (im Gespräch mit Barbara Burghardt): Einfach da sein und zuhören, Seite 72–74 in: OFFENE ARBEIT (Hg.), 1991

EMBSHOFF, Dagmar/MÜLLER-PLANTENBERG, Clarita/GIORGI, Guilana: Solidarische Ökonomie. Initiativen, Ketten und Vernetzung zur Transformation, 26.07.2016 unter: https:///www.degrowth.info/wp-content/uploads/2016/06/DIB_Solidarische-Oekonomie_.pdf abgerufen am 24.03.2018 zugleich Seite 344–355 in: KONZEPTWERK NEUE ÖKONOMIE & DFG-KOLLEG POSTWACHSTUMSGESELLSCHAFT (Hg.), 2017

ENGELKE, Matthias-W.: Zelt der Friedensmacher. Die christliche Gemeinde in Friedenstheologie und Friedensethik (edition pace 5), Norderstedt 2019

FELBER, Christian (im Interview mit Birgit Stratmann): Mehr Mut zur Demokratie, Seite 219–227 in: STRATMANN (Hg.), 2020

FRANK, Gerhard: Zukunft schaffen. Vom guten Erleben als Werkzeug des Wandels, München 2018

FRERICHS, Theda: Bekannte Texte predigen: Gelassenheitsgebet von Reinhold Niebuhr, 5 Seiten, 2021 unter: https://www.herder.de/pb/hefte/archiv/2021/3--2021/bekannte-texte-predigen-gelassenheitsgebet-von-reinhold-niebuhr/ abgerufen am 25.07.2021

FREY, Dieter (Hg.): Psychologie der Werte. Von Achtsamkeit bis Zivilcourage – Basiswissen aus Psychologie und Philosophie, Heidelberg 2016

FRIEDRICH, Marcus A.: Sternenkarren. Auf den Spuren Gottes durchs Leben ziehen, Würzburg 2018
FRIELING, Gudula: Christliche Ethik oder Ethik für Christen? Die Universalität christlicher Ethik auf dem Prüfstand, Regensburg 2016
FROMM, Erich: Authentisch leben, Freiburg im Breisgau 2000/18(2017)
FUHRHOP, Daniel: Verbietet das Bauen! Streitschrift gegen Spekulation, Abriss und Flächenfraß, München 2020
GOETZ, Gesine: Eine fröhliche Partnerschaft, Seite 191–193 in: BUCHGRUPPE OFFENE ARBEIT (Hg.), 2014
GÖPEL, Maja (im Interview mit Peter Unfried/Fotos: Anja Weber): „Hauptsache wir kommen jetzt in die Pötte", Seite 20–22 in: taz am wochenende 31.10/1.11.2020
GRAICHEN, Patrick/HERRMANN, Ulrike (im Interview mit Bernhard Pötter): „Grünes Wachstum ist unmöglich" – „Unterschätzen Sie nicht den Kapitalismus!", Seite 4–5 in: taz 30.07.2021
GRONEMEYER, Marianne: Das Leben als letzte Gelegenheit, Darmstadt 2(1996)
HÄFNER, Sigrid: Teilen statt spalten. Wieviel Solidarität braucht das Gemeinwohl?, Seite 283–286 in: Evangelische Kommentare 5/1995
HAGEN, Jeannette: Die leblose Gesellschaft. Warum wir nicht mehr fühlen können, Berlin/München/Zürich/Wien 2016
HAHN, Ullrich: Vom Lassen der Gewalt, Norderstedt 2020
HÄHNIG, Anne: Macht mal langsam. Mehrere Oberbürgermeister würden das Tempo innerorts gern auf 30 km/h drosseln. Ist das eine gute Idee?, Seite 23 in: DIE ZEIT 15.07.2021
HÄRLIN, Benedikt (im Interview): Bevölkerungswachstum, Hunger und brennende Regenwälder, Seite 201–218 in: Manfred Kriener: Lecker-Land ist abgebrannt. Ernährungslügen und der rasante Wandel der Esskultur, Stuttgart 2(2020)
HARTMANN, Inge: Mut fassen, Seite 66–67 in: OFFENE ARBEIT (Hg.), 1991
HÄUPTLING OREN LYONS: Auf das Naturgesetz hören, Seite 13–17 in: VAUGHAN-LEE (Hg.), 2015
HELFRICH, Silke/BOLLIER, David: Frei, fair und lebendig – Die Macht der Commons, Bielefeld 2019
HENGSBACH, Friedhelm: Die Zeit gehört uns. Widerstand gegen das Regime der Beschleunigung, Frankfurt/Main 2(2013)
DERS.: Teilen, nicht töten, Frankfurt am Main 2(2015)
DERS./MÖHRING-HESSE, Matthias (Hg.): Eure Armut kotzt uns an! Solidarität in der Krise, Frankfurt am Main 1995

HEUWINKEL, Ludwig: Umgang mit der Zeit in der Beschleunigungsgesellschaft, Schwalbach/Ts., 2006

HÖGE, Helmut: Gehen als antikapitalistische Fortbewegung, 4 Seiten, 29.06.2021 unter: https://taz.de/Ueber-das-Gehen/!5779093&SuchRahmen=Print/ abgerufen am 19.07.2021

HUNECKE, Marcel: Psychische Ressourcen zur Förderung nachhaltiger Lebensstile, 72 Seiten (Memorandum des Denkwerks Zukunft – Stiftung kulturelle Erneuerung Bonn, Juni 2013) unter: http://www.denkwerkzukunft.de/downloads/MemoPsycho.pdf abgerufen am 23.10.2019

HÜTHER, Gerald: Lieblosigkeit macht krank. Was unsere Selbstheilungskräfte stärkt und wie wir endlich gesünder und glücklicher werden, Freiburg im Breisgau 2021

JÄHNICHEN, Traugott: Der Wert der Armut – der sozialethische Diskurs, 10 Seiten (Aufsatz, der wesentlich den Inhalt eines Vortrages auf der Synode des Evangelischen Kirchenkreises Solingen am 8. November 2008 wiedergibt) unter: https://www.ekir.de/solingen/Downloads/Vortrag_ProfJaehnichen_derWertderArmut.pdf abgerufen am 24.10.2019

JAKOB, Christian/MEINERT, Natalie/SCHMIDT, Christina/SEIFERT, Sabine (alle Text)/WELLS, Sebastian (Fotos): Warten auf die Lage. Der brandenburgische Landkreis Märkisch-Oderland kämpft gegen Corona – und bleibt dabei gelassen, Seite 20–22 in: taz am wochenende 18./19.04.2020

JANISCH, Wolfgang: Machtanspruch. Die Regierung will Kinderrechte im Grundgesetz festschreiben. Eine schöne Idee..., Seite 47 in: SZ 29./30.05.2021

JOERES, Annika: Schwere Zeiten. Wo Übergewicht und Fettleibigkeit verbreitet sind, sterben in der Corona-Krise besonders viele Menschen. Jetzt rächt sich, dass in vielen Staaten weltweit die Gesundheitsprävention versäumt worden ist, Seite 31–32 in: DIE ZEIT 15.07.2021

KÄSSMANN, Margot (im Gespräch mit Veronika Wawatschek): Es hängt nicht alles allein an mir, Seite 32–34 in: Publik Forum extra November 2019

KDA (Kirchlicher Dienst in der Arbeitswelt in VKWA): Reichtum: Du wirst ein Segen sein. Materialien für Gottesdienst und Gemeinde, Hannover 2013

KEHNE, Charlotte: Sig Sauer muss Millionen zahlen. Weiteres Urteil des Bundesgerichtshof, Seite 6 in: informationen Nr. 177/3–2021

KEIL, Annelie: Dem Leben begegnen. Vom biologischen Überraschungsei zur eigenen Biografie, Kreuzlingen/München 2006

KLAAR, Ananda: Zählt nicht länger auf unsere Selbstlosigkeit! Kinder und Jugendliche wurden während der Pandemie systematisch benachteiligt. ..., Seite 13 in: DIE ZEIT 5.08.2021

12 LITERATURVERZEICHNIS

KNOBLOCH, Marlene: Der Schmetterlingseffekt, Seite 3 in: SZ 5./6.06.2021
KOCH, Florian/HAMPEL, Lea/KELLER, Carsten/BERNHARDT, Floris: Stadt-Teilen – Öffentlicher Raum und Wohnen als neue Gemeingüter in sozial gemischten Nachbarschaften, Seite 224–237 in: BROKOW-LOGA/ECKARDT (Hg.), 2020
KOCH, Holger: Sind wir diesmal mutiger? Die Pandemie betrifft alle? Ja, aber nicht alle gleich. Gedanken über eine „Hierarchie der Not", Seite 18–20 in: Brücke. Erste Erfurter Strassenzeitung Nr. 116/2020
KONZEPTWERK NEUE ÖKONOMIE & DFG-KOLLEG POSTWACHSTUMSGESELLSCHAFT (Hg.): Degrowth in Bewegung(en). 32 alternative Wege zur sozial-ökologischen Transformation, München 2017
KÖTTER, Lisa: Schweigen war gestern. Maria 2.0 – der Aufstand der Frauen in der katholischen Kirche, 2021
KRISTOF, Kora: Wie Transformation gelingt. Erfolgsfaktoren für den gesellschaftlichen Wandel, München 2020
LADLEIF, Frauke (Text)/AXMANN-ROTTLER (Fotos): „Mein Hof ist ein Organismus", Seite 60–62 in: greenpeace magazin 4.21 Juni-Juli
LEAR, Jonathan (aus dem Amerikanischen von Jens Pier): Radikale Hoffnung. Ethik im Angesicht kultureller Zerstörung, Berlin 2020/3(2021)
LÜTZKENDORF, Renate: Frauen in der Offenen Arbeit, Seite 171–175 in: BUCHGRUPPE OFFENE ARBEIT (Hg.), 2014
DIES.: Insekten in der Stadt, Seite 23–28 in: OFFENE ARBEIT ERFURT, 2021
MAAZ, Hans-Joachim: Die narzisstische Gesellschaft. Ein Psychogramm, München 2012
MARTENS, René: Trumpscher Wahlkampf. Goldene Wasserhähne zuhause und einen Kanzler kaufen wollen. Die Anti-Baerbock-Kampagne der Initiative Soziale Marktwirtschaft (INSM) zeigt wieder einmal, wie Kapitalvertreter Stimmung machen ... , Seite 2 in: KONTEXT: Wochenzeitung Ausgabe 533/19.06.2021
MAYER, Karoline/KRUMPEN, Angela: Liebevolle Gebote für ein erfülltes Leben, München 2013
DIES./DIES.: Jeder trägt einen Traum im Herzen. Von der Kraft, die alles ändern kann, Freiburg im Breisgau 2015
MEHL, Philipp Johannes: Mäßigung, Seite 95–102 in: FREY (Hg.), 2016
MEMPEL, Hans-Otto: Braunsdorfer – Erinnerungen, Seite 174–177 in: OFFENE ARBEIT (Hg.), 1991
METTE, Norbert: (Religions-)Pädagogisches Handeln, Seite 164–184 in: ARENS (Hg.), 1994

MIERZWA, Roland: Menschsein unter Mitmenschen. Strukturelemente einer Theorie der Solidarität, Erkelenz 2017

DERS.: Eine comprehensive Ethik. Eine Ethik aus der Corona-Zeit für die Post-Corona-Zeit, Berlin/Münster 2020

DERS.: Digitalisierung, Ökologie und das Gute Leben. Eine Ethik für digitale Technologien, Baden-Baden 2020b

DERS.: Ökologische Ethik. Ein Konzept zur spirituellen Orientierung, Baden-Baden 2020c

DERS.: Ethik. Grundlagen – Systematisches – Anwendungsfelder, Berlin/Münster 2021a

DERS.: Eine komplexe Friedenstheologie und Friedensethik, Baden-Baden 2021b

DERS.: Soziale Aspekte des Leidens. Eine sozialethische Perspektive auf Gesundheit und Krankheit, Baden-Baden 2(2021)c

MOGHISEH, Neghin (im Interview): „Kinderrechte sollen ins Grundgesetz", 3 Seiten, 21.06.2021 unter: https://www.zdf.de/nachrichten/politik/Kinderrechte-grundgesetz-interview-100.html abgerufen am 22.06.2021

MÜLLER, Harald/GROMES, Thorsten: Gandhi heute – aktuell oder unzeitgemäß?, 8 Seiten in: HSFK-Standpunkte Nr. 4/2006

NGOMANE, Mungi: Everyday Ubuntu. Living better together, the african way, London 2019a

DIES. (aus dem Englischen von Dr. Gabriele Würdinger): I am because you are. Ubuntu – 14 südafrikanische Lektionen für ein Leben in Verbundenheit, München 2019b

OFFENE ARBEIT (Hg.): Selbstauskünfte, Erfurt Dezember 1991

OFFENE ARBEIT DES EVANGELISCHEN KIRCHENKREISES ERFURT: Ausstellungsbroschüre „Städte Bra(u)chen Natur-Biodiversität in der Stadt", Selbstverlag 2021

ÖKUMENISCHER RAT DER KIRCHEN IN ÖSTERREICH (Hg.): Projekt „Solidarische Gemeinde". Umsetzung des Prozesses „sozialwort 10+"„ Wien 2016 unter: http://www.oekume.at/dl/OLLMJKJKMnLJqx4kJK/Oerkoe_Solidarische_Gemeinden_D-02.pdf abgerufen am 28.03.2017

PAECH, Niko: Befreiung vom Überfluss. Auf dem Weg in die Postwachstumsökonmie, München 2012/10(2018)

DERS. (im Interview mit Jost Maurin): „Nicht mehr zurück ins Hamsterrad". In der Zwangspause vom Leistungsstress erkennen viele Menschen die Vorteile einer entschleunigten Gesellschaft, 6 Seiten, 27.04.2020 unter: https://taz.de/Niko-Paech-ueber-Postwachstum-und-corona/!5680789 abgerufen am 27.04.2020 auch in: taz 27.04.2020, Seite 3

POMA, Muruchi: Buen (Con)Vivir, das gute Leben für alle. Über die Prinzipien des guten Zusammenlebens und das ‚Paradox' von Entwicklung, Seite 241–264 in: BECKER/REINICKE (Hg.), 2018

RAHM, Dorothea: Gelassenheit, Seite 33–51 in: AUHAGEN (Hg.), 2004

RATTENHUBER, Edeltraud: Wie die Kinder unter der Pandemie leiden, 3 Seiten, 3.09.2020 unter: https://www.sueddeutsche.de/politik/corona-schule-unicef-1.5018426 abgerufen am 11.08.2021

REICHWALD, Chris: Braunsdorf, Seite 170–172 in: OFFENE ARBEIT (Hg.), 1991

RIESTER, Florian: Weniger ist mehr. Tiny Houses liegen in Deutschland im Trend, Seite 8 in: Evangelische Zeitung für Schleswig-Holstein Nr. 34/22.08.2021

ROSA, Hartmut: Resonanz statt Reichweitenvergrößerung, Seite 57–77 in: BECKER/REINICKE (Hg.), 2018

ROTTENGATTER, Evelyn: Wer ernährt die Welt wirklich?, 6 Seiten (Pressenza 15.06.2021) unter: https://www.lebenshaus-alb.de/magazin/013730.html abgerufen am 30.07.2021

SALZMANN, Jürgen: Der Tanz ums Goldene Kalb. Vom Wahn der Digitalisierung in der evangelischen Kirche, Seite 41 in: **zeit**zeichen 4/2021

SCHILLER, Ilona/NÖTHLING, Carsten: Einstimmung, Seite 62–63 in: OFFENE ARBEIT (Hg.), 1991

SCHRADER, Christopher: In den Gucklöchern der Metaphysik. Das Staunen gilt vielen Menschen als Zeitverschwendung – dabei hilft es, sich selbst gelegentlich in Frage zu stellen, 3 Seiten, 5.11.2010 unter: https://www.sueddeutsche.de/wissen/gemischte-gefuehle-staunen-in-den-gucklœchern-der-metaphysik-1.1019807 abgerufen am 11.08.2021

SCHWESTER MIRIAM MacGillis: Die Arbeit der Genesis Farm – ein Interview, Seite 69–82 in: VAUGHAN-LEE (Hg.), 2015

SEDL, Gertrud: Frauen kommen und schweigen, Seite 76–78 in: OFFENE ARBEIT (Hg.), 1991

SHIVA, Vandana (Lionel Astruc) (aus dem Französischen von Gabriele Gockel, Sonja Schuhmacher und Thomas Wollermann): Eine andere Welt ist möglich. Aufforderung zum zivilen Ungehorsam, München 2019

SIEG, Klaus (Text)/EGBERT, Martin (Fotos): Mikrofarm löst Makroprobleme. Warum ein kleiner Gemüsehof in der Normandie weltweit beachtet wird, Seite 54–58 in: **zeit**zeichen 3/2019

SOLNIT, Rebecca: Wanderlust. Eine Geschichte des Gehens, Berlin 2000/2(2019)

STANDHARTINGER, Angela: Jesus als Streiter. Über den Charakter der sogenannten Streitgespräche, Seite 25–27 in: **zeit**zeichen 4/2021

STEFFENSKY, Fulbert: Schöne Aussichten. Einlassungen auf biblische Texte, Stuttgart 2006
DERS.: Gewagter Glaube, Stuttgart 2012
STRATMANN, Birgit (Hg.): Die Lust am Guten. Ethik als Quelle für Mut und Inspiration, München 2020
STRATMANN-MERTENS, Eckhard: Kontrapunkt: Solidarität in der Einen Welt und nachhaltige Entwicklung, Seite 190–205 in: HENGSBACH/MÖHRING-HESSE (Hg.), 1995
TAUSCH, Reinhard: Sinn in unserem Leben, Seite 86–102 in: AUHAGEN (Hg.), 2004
TRUCKENBRODT, Frank: Voraussetzungen von Offener Arbeit. Stationen, Meinungen, Kontakte und Entwicklungen sowie Thesen zu einem Gespräch mit dem Bischofskonvent, Seite 178–198 in: OFFENE ARBEIT (Hg.), 1991
ULRICH, Claudete Beise: Reformation Radikal: „Buen Vivir" – Ein Beitrag aus Lateinamerika, Seite 244–261 in: DUCHROW/NESSAN (Hg./Eds.), 2015
VAUGHAN-LEE, Llewellyn (Hg.): Spirituelle Ökologie. Der Ruf der Erde, 2015
VIDAL, Aude: Unser Müll in Java. Südostasien versinkt im Plastik, Seite 1 + 14–15 in: LE MONDE *diplomatique*, Mai 2021
VOGT, Birgit: Wie es ihnen gefällt… Eine bessere Welt muss man sich schon selber machen, sagen sich die Gärtnerinnen von der Solidarischen Landwirtschaft (SoLaWi) Erfurt e.V. Auf den Spuren von „Pippi Pflanzstrumpf" in Büßleben: ein Feldversuch, Seite 25–28 in: Brücke. Erste Erfurter Strassenzeitung Nr. 116/2020
DIES.: Ein Traum auf Rädern. Christian Gehlhaar baut minimalistische Holzhäuser, die man beim Umzug mitnehmen kann. Ein Gründer, der viel von Bescheidenheit hält, Seite 14–17 in: Brücke. Erste Erfurter Strassenzeitung Nr. 117/2021
WEIß, Matthias: Basisdemokratie – Anspruch und Wirklichkeit, Seite 111–116 in: BUCHGRUPPE OFFENE ARBEIT (Hg.), 2014
WELZER, Harald (im Gespräch mit Matthias Morgenroth): Leute, wir können doch jede Menge machen, Seite 24–27 in: Publik Forum extra November 2019
WERMTER, Benedict (Text)/HILDESHEIM, Paulina (Foto): Es grünt so grün. Oder etwa nicht? Unser Autor reist ins Innere des deutschen Plastikproblems – und findet auch mögliche Lösungen, Seite 26–34 in: greenpeace magazin 4.21 Juni-Juli
WILSON, Edward O. (übersetzt aus dem Englischen von Elsbeth Ranke): Die Hälfte der Erde. Ein Planet kämpft um sein Leben, München 2016
WINKELMANN, Kerstin (im Interview mit Ilona Schilling/Carsten Nöthling): Ein gutes Grundgefühl, Seite 64–66 in: OFFENE ARBEIT (Hg.), 1991

WOHLLEBEN, Peter (im Interview mit Tobias Becker): „Viele unserer Wälder sind keine Wälder, sondern grüne Wüsten", Seite 22–24 in: DER SPIEGEL Nr. 30/24.07.2021

ZÖLLNER, Sabine: Kultur der Dankbarkeit. Eine biblische und gesellschaftliche Reflexion, 142 Seiten (Masterarbeit der Evangelischen Hochschule Tabor 26.09.2016) unter: https://kidoks.bsz-bw.de/frontdoor/deliver/index/dochId/1100/file/Masterarbeit_Kultur+der+Dankbarkeit_S.Z%c3%b6llner.pdf abgerufen am 23.10.2019

13 Danksagung

Es ist eine wertvolle Unterstützung durch Lore Michaelis an DIE ZEIT zu gelangen. Dr. Ewald Bopp ließ mir die digitale „taz" zukommen und N.N. das greenpeace magazin. Susanne Friederichsen überließ mir Publik Forum und Pfarrer i.R. Hans-Joachim Muhs die Zeitschrift „**zeit**zeichen".

Die Finanzierung der Drucklegung war leichter möglich, weil mich folgende Personen förderten: Richard Ackva, Annelies Birkenbach-Jensen, Dr. Helmreich Eberlein, Sr. Susanne Henke, Sr. Ute Henningsen, OKR i.R. Dr. Wolfgang Leineweber, Ute Schäfer und andere nicht genannte.

Christsein aktuell

Marlies Schmitz; Stefan Schmitz
Tagebuch vom Zugehen auf das Ende
Dokumente der Auferstehungshoffnung
Bd. 16, 2022, ca. 80 S., ca. 19,90 €, br., ISBN 978-3-643-15073-8

Bernt Knauber
Neustart des Christentums – Eine kleine Utopie
Bd. 15, 2021, 150 S., 24,90 €, br., ISBN 978-3-643-15065-3

Bernd Weber (Hg.)
Unterwegs mit den Seligpreisungen – Zugänge zur Bergpredigt
Impulse – Pilgerwanderung Franken 2020 des Kirchenfoyers Münster
Bd. 14, 2020, 104 S., 14,90 €, br., ISBN 978-3-643-14830-8

Engelbert Groß
UNESCO, Papst Franziskus und Laudato si'
Bd. 13, 2020, 96 S., 19,90 €, br., ISBN 978-3-643-14810-0

Sybille C. Fritsch-Oppermann (Hg.)
Kirche und Kultur in der Krisenzeit
Ein literarisch-politisches Nachdenkebuch mit Impulsen aus der Reihe „freitags bei uns im oberharz"
Bd. 12, 2021, 136 S., 19,90 €, br., ISBN 978-3-643-14808-7

Matthias Dannenmann
Liebe lebt
Impulse aus der Bibel, Literatur und Kunst
Bd. 11, 2020, 174 S., 19,90 €, br., ISBN 978-3-643-14797-4

Heinrich Natiesta
Eine verdrängte Erfolgsgeschichte
Das Christentum
Bd. 10, 2. Aufl. 2022, 238 S., 24,90 €, br., ISBN 978-3-643-51098-3

Cornelia Schrader
Das Heilige Feuer in der Grabeskirche zu Jerusalem
Annäherungen an ein unbegreifliches Phänomen
Bd. 9, 2020, 108 S., 24,90 €, br., ISBN 978-3-643-14715-8

Stefan Knobloch
Mit anderen Augen
Glauben verheutigen – Missverständnisse abbauen
Bd. 8, 2020, 126 S., 19,90 €, br., ISBN 978-3-643-14569-7

Karl-Friedrich Hillesheim; Bernd Weber (Hg.)
Kreuzwege – Lebenswege
Impulse – Pilgerwanderung des Kirchenfoyers Münster
Bd. 7, 2020, 96 S., 14,90 €, br., ISBN 978-3-643-14552-9

Elmar Nass
Deus Homo!
21 christliche Orientierungen für das 21. Jahrhundert. Mit einem Geleitwort von Bischof Dr. Helmut Dieser
Bd. 6, 2020, 276 S., 19,90 €, br., ISBN 978-3-643-14526-0

LIT Verlag Berlin – Münster – Wien – Zürich – London
Auslieferung Deutschland / Österreich / Schweiz: siehe Impressumsseite

Philosophische Plädoyers

Roland Mierzwa (Hg.)
Demokratie und Recht
Zivilgesellschaftliche Stellungnahmen zur Rechtsnatur und Rechtsethik
Von der Zivilgesellschaft gehen Impulse zur Weiterentwicklung der Rechtskultur aus: Gewissenstäter, Lieferkettengesetz, Menschenrechte, Rassismus usw. Eine intakte Rechtskultur ist ein Beitrag zum gesellschaftlichen Frieden, gibt Menschen ihre Würde, kann eine therapeutische Wirkung entfalten. Es sind noch weite Wege von der Zivilgesellschaft zu gehen für mehr gerechtes Recht – gegen Machtinteressen und Lobbygruppen. Aber erste Erfolge sind zu verzeichnen.
Bd. 22, 2022, 124 S., 24,90 €, br., ISBN 978-3-643-15000-4

LIT Verlag Berlin – Münster – Wien – Zürich – London
Auslieferung Deutschland / Österreich / Schweiz: siehe Impressumsseite

Einführungen: Theologie

Roland Mierzwa
Ethik
Grundlagen – Systematisches – Anwendungsfelder
Die jetzt erschienene theologische Ethik setzt anders an - nämlich bei der „positiven Psychologie". Der ethische Mensch kommt nicht zuvorderst, wenn man die Bibel in die Hand nimmt, sondern wenn wertschätzend mit ihm umgegangen wird, man ihm Liebe und Vertrauen entgegen bringt. Die Vorrangige Option für die Armen ist wichtig. Einen starken Schwerpunkt bildet eine Alltagsethik. Das Gewissen – zum Beispiel auch des Arztes – bewährt sich nicht in herausragenden Situationen, sondern im täglichen Geschehen. Auch der friedenslogische Mensch ist täglich angefragt und nicht erst in den Höhen großer Politik. Ohne eine lebendige Spiritualität wird der ethische Mensch nicht möglich sein. Die Ethik macht auch deutlich, dass wir systemische Veränderungen brauchen, allein persönliche Verhaltensänderungen reichen nicht aus.
Bd. 12, 2021, 450 S., 39,90 €, br., ISBN 978-3-643-14829-2

Entwürfe zur christlichen Gesellschaftswissenschaft
hrsg. von Prof. Dr. Günter Brakelmann, Prof. Dr. Traugott Jähnichen (Bochum),
Prof. Dr. Karl-Wilhelm Dahm Prof. Dr. Hans-Richard Reuter (Münster) und
Prof. Dr. Arnulf von Scheliha (Münster)

Roland Mierzwa
Gutes Arbeiten, das Zukunft hat
Eine Arbeitsethik
„Wer sich über die gegenwärtige Diskussion in Wissenschaft und Öffentlichkeit über das Thema „Arbeit" umfassend informieren möchte; wer Interesse daran hat, sich mit dem Thema „Arbeit" theologisch und ethisch auseinanderzusetzen; wer wissen möchte, wie sich die Arbeitswelt in der Zukunft verändern wird und wer in diesem Diskurs eine klare Position beziehen möchte, der sollte dieses Buch kaufen und mit großem Gewinn lesen". (OKR a.D. Dr. Wolfgang Leineweber)
Bd. 40, 2020, 126 S., 24,90 €, br., ISBN 978-3-643-14553-6

LIT Verlag Berlin – Münster – Wien – Zürich – London
Auslieferung Deutschland / Österreich / Schweiz: siehe Impressumsseite